丽泽·教育学研究丛书
主编 胡春光

湖南第一师范学院"教育学"湖南省应用特色学科成果

本书系2020年度湖南省社会科学成果评审委员会
一般课题"湖湘文化背景下湖南省高校
孝德教育改革研究"（XSP20YBZ076）成果

岳麓书院
德育研究

李盛幸 著

湖南师范大学出版社·长沙

图书在版编目（CIP）数据

岳麓书院德育研究 / 李盛幸著. —长沙：湖南师范大学出版社，2023.10
ISBN 978 - 7 - 5648 - 4994 - 8

Ⅰ.①岳…　Ⅱ.①李…　Ⅲ.①岳麓书院—德育—研究　Ⅳ.①G641

中国国家版本馆 CIP 数据核字（2023）第 133396 号

岳麓书院德育研究
Yuelu Shuyuan Deyu Yanjiu

李盛幸　著

◇出 版 人：吴真文
◇策划组稿：彭　慧
◇责任编辑：赵婧男　胡　雪
◇责任校对：李　航
◇出版发行：湖南师范大学出版社
　　　　　　地址/长沙市岳麓区　邮编/410081
　　　　　　电话/0731 - 88873071　88873070　传真/0731 - 88872636
　　　　　　网址/https：//press. hunnu. edu. cn
◇经销：新华书店
◇印刷：长沙雅佳印刷有限公司
◇开本：710 mm×1000 mm　1/16
◇印张：10.75
◇字数：205 千字
◇版次：2023 年 10 月第 1 版
◇印次：2023 年 10 月第 1 次印刷
◇书号：ISBN 978 - 7 - 5648 - 4994 - 8
◇定价：36.00 元

总　序

　　教育兴则国家兴，教育强则国家强。世界强国无一不是教育强国，教育始终是强国兴起的关键因素。近几年，高规格的教育政策陆续出台，教育高质量发展的体制机制建梁立柱，教育关键领域改革聚力突破，教育综合治理落地有声。在建设教育强国、科技强国、人才强国的大背景下，当下中国的教育研究应当做什么？教育研究应当怎么做？或者说，今天的中国需要什么样的教育研究？要回答上述问题，首先要回答的问题是：我们为谁而进行教育研究？这种研究的价值在哪里？

　　我一直认为，教育研究不仅仅是研究别人，而且是在研究和教育"我自己"，研究和教育"我为何而为，何以为之"。教育研究是为"我自己"而进行的生命书写，我在为"我自己"而进行教育研究。我的研究、我的写作、我的沉思都是对我自己教育信仰的安顿，研究对象不是外在于我自己的，像鲁迅先生说的，不是"隔岸观火"，而是"燃烧自己"，是"在写我们自己，发现我们自己"。教育的根本旨归是涵养人的精神，精神成人首在立人，由此教育研究的最终目的是要通过透视人自身的成长经历，塑造人性，完善人格，温润人心，进而反思人类走向何处的问题。教育中的各种困惑实际上就是人对自身存在的困惑，在此意义上，教育其实是对人的一种终极关怀。由此，教育研究就是一种对存在的反思，它反思的是：受教的灵魂知向谁边？这是一个灵魂清洗开悟的过程，一个打开自我枷锁的过程，更是一个理解自我和完善自我的过程。《论语》是这样，《理想国》

是这样，《爱弥儿》也是这样，这些大家先贤的教育研究是他们生命体悟、精神成长、自我个性的显现，他们的教育研究从来都不是与自己没有关系的，从来都不是无"我"的。因为无"我"的教育及其教育研究恐怕也不会有"他人"，不会引起生命的共情同理，至多只是无心的阐释、空洞的口号和苍白的说教，这样的研究不会让人享受到幸福感和崇高感。只有真诚面对自己，面对自己的内心，才能写出永不过时的作品，正如锡德尼所说："窥视你的心而后下笔。"有心的东西才有永恒的生命力。爱默生有言，如果诗人写一部真正的戏剧，那他就是凯撒，而不是凯撒的扮演者。真正的写作和研究是在写"我自己"和研究"我自己"，"我自己"才是真正的研究对象，才是真正的作品中的人。福柯在一次访谈中说："每次当我试图去进行一项理论工作时，这项工作的基础总是来自我个人的经验，它总是和我在我周围看到的那些事情有关。事实上，正是因为我觉得在我关注的事物中，在我去打交道的制度中，在我与他人的关系中，我发现了某种破裂的东西，某种单调灰暗的不和谐之处或运转失调的地方，我就会着手撰写一部著作，它实际上是一部自传的几个片段。"因此，福柯终其一生关怀的基本问题始终是"人自身的生活命运"，在他看来，人之为人的基本特点，就在于人是审美性的存在，时刻创造着自我满足的美学存在经验。米兰·昆德拉也曾经说：诗人的写作是为了推翻那些遮蔽真正存在的事物的屏障，诗人必须超越那些已经陈旧的真理，必须拒绝为人们提供浅显的真理，必须寻求那些在这里找不到的真理。也许我们永远都找不到这样的真理，但我期望通过这种写作反省，使自己被束缚的灵魂重新获得自己失去的青春，再次让我们日趋僵化的精神生命涌动跳跃，就像柏拉图"洞穴隐喻"中的那个挣脱绳索的囚徒，他要时刻关注自己的生命。

教育研究是饱含着研究者心血的东西，是对自己进行一种生命体悟式的"周全反思"，这种研究折射了研究者的生活体验，倾注了研究者的个人情感，浸润了研究者的理性思考，在用自己的心灵理解他人的同时也完成了对自己的理解，最终改进了教育实践，提升了教育思想，启发了教育智慧，润泽了教育生活。我们必须承认：我们怎么做教育研究，我们也就成为什么样的教育研究者。教育研究者选择了教育研究，不仅意味着选择了一种工作和职业，更意味着选择了一种生活方式，它占用我们的生命，敞亮我们的生命，呵护我们的生命。诚如社会学家米尔斯所言："作为学者，你有特别的机会来设计一种生活方式，它将促成良好的研究习惯。无论是否认识到这一点，在努力使治学臻于完美的历程中，治学者也塑造自我。我的意思是，你必须在学术工作中融入个人的生活体验，持续不断地审视它、解释它。"从这个意义上说，学术研究应该是研究者的栖息之所，套用海德格尔的话说，我居住，我逗留，我照料自己在教育研究中，这样的研究一定是充满生命力的，因为它是关于"我自己"的研究。柏拉图说，哲学产生于一种惊奇，这种惊奇就是一种渗透理性关怀的对生命的敏感，教育研究何尝不是如此。

当下教育研究中学术研究与"我们自己"的身心分离，学术研究似乎只是一种工作和职业的必要，有时候甚至是一种"晋升职称""获得荣誉""争取经费"的被迫行为，真正的个性精神、生命叙说、心灵澄明被挡在了教育研究之外，这样"生命自我"与"教育研究"对立起来了，学术研究成为外在于"我"的东西，成为"我"不得不去应对的东西。对于学术研究，我们就只关心一件事，即生产研究成果，发表研究论文。然后，研究完成，任务结束，束之高阁，周而复始。我们在工具化的研究中体会不出自我生命的快乐、冲动、解脱、安详、崇高、敬畏，更多的是为提高生产效率而产生的倦态、无奈、压力、焦灼，有时候甚至是痛苦。其实我们正在走向一种严重的异化状态，我们正在努力做着被迫的事情、心里想逃逸的事情。教育研究也因此褪去了它应有的魅力，走向功利研究、工具研究、消费研究，研究这件事变成了我们生命的障碍，我们似乎都是在迎合研究，而不是出于研究本身。我们不能像孔子、苏格拉底、亚里士多德等古代圣贤那样把教育及其研究当作实现自我的生活，当作我们道德生活的目的。我们发明了"职业"这个词，"研究"也因此成为学术人的"职业"而不是"志业"，"职业"的教育研究逐渐沦为一种与灵魂无关的知识传授和科学研究活动，"学术为生"变成了"学术谋生"，研究者的生命价值和精神价值在"职业研究"中似乎退隐乃至消逝了，使得今天的研究活动失去了对人自身生活和精神的引导与关注，使人在学术研究中缺少了一种惬意的价值存在的崇高体验感，我们被各种"知识""技术""制度""评价"再造为某种目的的"科研工具人"。

今天的教育日益为功利所羁绊，更多地被当作一种实用知识与技能训练的消费，成为人们追逐名利的法宝，它摒弃了那些能净化人心灵的古典知识，规限了人拓展生命与精神的空间。在利益得失、欲望骄纵的复杂多变的社会里，教育渐渐失去了其唤醒人心灵解放的理性光辉，成为一种建基于技术工具理性之上的，以符合人的"物化"意愿而提供给人更多的欲望满足。相应的学术研究也导致我们丧失了对"研究"的敬畏之心，有时候"学术"甚至被当成改变命运境遇的工具和功名利禄的阶梯，它满足着人的欲望，诱惑着人的野心。当人对一件事情没有了敬畏之心，也就关闭了入德之门。对此，舍勒说："我们一旦关掉敬畏的精神器官，世界就立即变成一道浅显的计算题。只有敬畏才使我们意识到我们的自我和世界的充实与深度，才使我们清楚，世界和我们的生活具有一种取之不尽的价值财富。"他还说："只有敬畏才在清晰而有限的思想和感觉内蕴含我们空虚和贫乏之时，使我们隐隐地意识到财富和充实；敬畏赋予我们一种感觉，使我们感受到尚未发掘出来，而且在尘世生活中无法发掘的生存与力量之宝藏。敬畏悄然将我们得以施展真实力量的空间暗示给我们：这是一个比我们的时间性生存更伟大、更崇高的空间。敬畏使我们不致对自己作出只会使自己着魔般茫然失措的、正反两方面的结论性价值判断；敬畏不断地给我们铺好绿茵，插好路标，我们走在上面自己探寻自己，也许不免迷途，最终却能找到自己。"敬畏教育，敬畏研究，其实就是敬畏生命；敬畏生命，人才可入德成人。教育研究倘若不通过对人生命存在的反思与理解，那又如何能捕捉隐藏于人的存在与生存策略意识下的种种教育问题呢？

教育是造就新生力量的事业。新生力量意味着赋予新的生命，也即教育要为个体生命的澄明提供指引，祛除其自我深层的内在遮蔽，教育无疑和人的生命密切相关。人是自己意识的对象，是自己感觉、认知、精神、情感、意志、愿望、审美的对象，在马克思那里，人是"按照美的规律来构造"，构造对象，也构造自己，因此，人应该是一种审美性存在。人要走出现代性的困境，恢复人之为人的自然面目，必须寻找人的价值性与审美性存在，凭借审美存在的态度与实践，使主体自身的现状不断地经由反省而有所超越，将自身培养成为独立自由和充满创造活力的价值生命体。审美的人生就是艺术的人生，审慎地对自我设定生活的美学原则，对自身的生存内容、行动方式和生活风格，进行持续不断的艺术创造的实践活动。我们写的书，也是我们审美人生不可分割一部分，我要把它当作一件精美的艺术品，用心地打造和雕刻，用我们全部的身心来创作，这种创作就是我们的审美生活。正如苏格拉底在《申辩篇》中对审判他的法官们说，你们只关心自己的财产、信誉和荣耀，你们没有用"智慧、真理以及灵魂的完善"来关怀自己。我想，我们的写作，正是用我们的智慧、真理以及灵魂来完善我们的生命，关怀我们的生命，润泽我们的生命。《诗经》中说，一言以蔽之，曰"思无邪"。告诫我们，人要胸怀坦荡，光明磊落，做一个纯粹的人，做一个有信仰的人。学术，天下之公器也；学者，天下之良心也。学术人，尤其是要纯粹，甚至是要简单。

　　写就以上文字，反思教育研究中"身心分离"的问题，思考教育研究向何处去，其实是希望我们能涌现出更多、更好的教育研究成果。教育始终与国家发展和民族振兴同向同行。中国的未来发展，民族的伟大复兴，关键在人才，根本在教育。"为学之道，必本于思""不深思则不能造于道，不深思而得者，其得易失"。面对前所未有的发展机遇和严峻挑战，我们清楚地意识到，当下的教育还不适应国家经济社会发展和人民群众接受高品质教育的要求。教育发展的现状，期待我们必须更多地关注实践中的教育问题，思考每一个教育行动的价值和意义，探寻教育改革与发展的新路向，这是时代赋予我们的课题。作为教育研究者，我们要把眼光转向喧嚣的教育事实背后，去寻思那些被热闹所掩盖、浮华所遮蔽、习惯性遗忘的教育问题之域，创塑一种新的眼光、发挥一种新的想象力去了解与看清教育生活中所隐藏的矛盾与扭曲的事实，进而找到一种可行的教育改革进路去提升现实的教育品格。基于此，我们策划了此套丛书，在此要深深地感谢湖南师范大学出版社的大力支持，同时也感谢各位编辑老师的认真审校与勘误。

"衡山西，岳麓东，第一师范峙其中；人可铸，金可熔，丽泽绍高风。多才自惜夸熊封，学子努力蔚为万夫雄"，湖南一师高亢有力的校歌传递出历经千年弦歌不辍的深厚文化底蕴。这里的"丽泽"原义是"两个相连的沼泽"，《易经·兑卦》中云："丽泽，兑。君子以朋友讲习。"朱熹释义："两泽相丽，互相滋益，朋友讲习，其象如此。"后世将之比喻为朋友之间互相切磋。今年是湖南一师的百廿华诞，在这特殊时刻，出版"丽泽·教育学研究丛书"，助力"品质一师"建设，更重要的是希望开启共同愿景：学者间相互问道，切磋学问，做真学问，行真教育，共同为中国的教育现代化贡献教育智慧和实践经验。

本套丛书的作者大多是湖南一师近年才引进的青年博士和博士后，他们秉承毛主席母校"千年学府、百年师范"的荣光，牢记主席"要做人民的先生，先做人民的学生"的教导，弘扬"传道树人、丽泽风长"的教风，践行"学思并进、知行合一"的学风，从他们身上我们看到了实现我们教育理想的某种可能。尽管他们书中有些观点和论证还显稚嫩和不足，但他们对教育理想的不懈追求，对教育信仰的虔诚敬畏，对教育现实的深厚关切令人感动。"士不可以不弘毅"，我们希望本套丛书能为中国的教育发展奉献我们一师人的一份心力。中国的教育改革之路是怎样的一条路？是哪些东西在遮蔽着我们前进的路？我们不敢说已经找到了答案，但现在我们拿出了勇气去上路，我们已经走在了寻找答案的路途中，关键是我们有一群志同道合的同路人。孟子有云："大人者，不失其赤子之心也。"我们有对教育的信仰，有执着于教育的理想，有我们坚定的守望和无畏的追求，我们一定能达成本丛书既定的目标。子曰："君子不器。"此之谓也。

胡春光

2023 年 10 月写于湖南一师特立北楼 202

目　录

绪 论

　　漫漫长河路，悠悠历史中。几千年的风风雨雨不仅带给中华民族挑战与发展，更使得中华儿女创造出了灿烂的民族文化。昔日，百家争鸣，吐故纳新，使中华优秀传统文化综合了各家学说的精髓，其中，以儒家、道家、佛家思想为最，影响至今。中华优秀传统文化蕴含着深厚的伦理文化，爱国、重礼、自强、宽容等优良品德一直是中华优秀传统文化中较为倚重的部分。祖祖辈辈的中华儿女带着对和平的热爱，对重礼尚义的尊崇，形成了自强不息、忠厚善良的优良传统。灿烂的传统文化，以培养人对自身价值和外部世界的正确认识为己任，带给生存在世上每个角落的中华儿女心连心的强大凝聚力。"苟利国家生死以，岂因祸福避趋之""富贵不能淫，贫贱不能移，威武不能屈""人生自古谁无死，留取丹心照汗青"，无论何时何地听到或看到这些至理名言，中华儿女的心里都会激起阵阵涟漪。中国人民不断地学习文化、创造经典，同时又不断汲取传统文化精髓来为人民的事业付出热情，为国家的建设贡献力量。这种优良的传统文化影响着每一个人的价值取向和思维方式，更在某种意义上决定了中国的发展方向。换句话说，优良传统的形成是以文化为基础，却也同时以更高层次的文化形式呈现，成为我国社会持续发展的动力。同时也正是因为我们有着优良的民族传统文化和民族精神，中华民族才会在世界的历史长河中屹立不倒。

　　国无德不兴，人无德不立。育人之本，在于立德铸魂。灿烂的民族文化是我们的祖先留给我们的宝贵财富。在建设中国特色社会主义的进程中，我们务必要重视挖掘中华民族传统文化的精髓并将其运用于国家建设，要在学校德育工作中把继承和发扬中华优秀传统文化作为重点。

岳麓书院作为中华优秀传统文化中浓墨重彩的一笔，在教育实践中很好地贯彻了其道德教育的旨归。岳麓书院始终以德育为书院的首要目标，其选聘山长、选拔教师、制定规章制度、选定教学内容等都是以"明人伦""传道济民"为根本宗旨。虽然岳麓书院是封建社会的产物，但瑕不掩瑜，我们依然应该充分肯定它的贡献。岳麓书院始终坚持"育德为先"，将教学、论道和祭祀的形式及内容系统化，营造自主的学习气氛，培养自觉的修行意识，充分汲取并传播孔孟之道的精华，将儒家价值观和道德规范亲民化、具体化、形象化。使受业生徒和普通民众都可以受到儒家文化的熏陶感染和教化，提高对于自身的要求，形成崇高的德性，从而推动了整个社会德性水平的提高，这些都是值得当代教育学习，并加以吸收实践的。

一、国内外研究状况

（一）关于岳麓书院的研究综述

千年的历史已经证明，岳麓书院不管在哪个朝代都是培养人才的圣地，它在中国教育史上的地位毋庸置疑。与其说岳麓书院人才之盛，倒不如说岳麓书院教学有方，教育有道，经验可鉴。千年来人才相继，一浪高一浪，归根结底是岳麓书院精心教育的结果。对于岳麓书院的研究较多，想要了解它，可以从不同的角度进行探究，主要从以下四个角度来看。

1. 历史的角度

纵览岳麓书院发展的辉煌历程，我们看到这所千年学府，萌芽于简陋的书院，逐步成长为闻名天下的四大书院之一。经过千年的发展，越来越多的人希望了解这个闻名天下的学府，希望可以从中学习到它的文化，因此很多国内外著名学者发表了许多文章和专著来介绍岳麓书院，我们也得以从中了解到书院的历史与发展，布局与景致，文化与思想等。

岳麓书院，千余年历史，历经七毁七建，为什么它能保存至今，中间都经历了什么？朱汉民和邓洪波所著的《岳麓书院史话》按照时间上的顺序详细介绍了岳麓书院各个时期的历史事迹，是众多记录岳麓书院历史中相当具有特色的一部。该书介绍了岳麓书院创建于北宋，经过元明清的坎坷发展，到民国时期的改制，直到今天的湖南大学的发展历史。同时该书还讲述了书院在人才培养、学术创新这些方面的内容，并对它所具有的成就和独有的特色进行了描述。通过追溯这座千年学府的历史进程，了解到书院的内涵，使得我们得以触摸到这座圣殿的精神核心。

岳麓书院历宋、元、明、清而屹立于今，成为举世罕见的千年学府，而总结自身经验教训，编辑刊刻史志，即《岳麓书院志》。《岳麓书院志》乃明代吴道行及清代赵宁等修纂，邓洪波及谢丰等校点，收录八种历史文献，细微精致，而得称作精品。

另外，谭修、周祖文选注的《岳麓书院历代诗选》对与岳麓书院有关的诗歌进行了整理与收录，为我们考察岳麓诗歌提供了更便利的渠道。除此之外，还有很多书籍对岳麓山进行了详细的描述，为本文提供了很大的帮助。还有邓洪波所著的《中国书院史》等书籍，也为岳麓书院的研究提供了大量的历史资料。

2. 历代名人、山长等角度

杨布生所著的《岳麓书院山长考》篇幅虽然不长，但是资料详尽，内容丰富。此书既是书院人物志，也是书院的改革史。从中我们可以知道岳麓书院的风云人物的事迹，同时还可以了解到书院的改革路线。书中共记录了 53 位山长，杨先生以实事求是的态度，平和的眼光看待每一位山长，对他们进行公平的评价。作者不仅对岳麓山及其周边环境进行了考察，还对山长的后裔一一进行了访问与记录。

陈谷嘉老先生所著的《岳麓书院名人传》，是一本非常富有特色的书籍，它将人物的传记活动融于学术的思想当中。作者以人物的活动时间为引，探索了书院的传统文化和成就人才的方法，还系统地介绍了巨儒，从著名的理学家朱熹到近代的杨昌济等。通过对人物的描写，将书院的学术思想简单地勾勒出来。

3. 建筑、景观、园林等角度

易平安的硕士论文《诗意·画意·建筑意——论岳麓书院建筑之美》是以岳麓书院建筑的审美方面作为研究点，对其所体现出来的诗意、画意、建筑意展开研究，并对中国古典美学中的意境、意象、境界的含义进行了剖析，从三个角度分析了岳麓书院建筑的美，进而总结出了其建筑所蕴含的三大文化内核，并对建筑审美体验的方法做出了归纳，对今后相关的传承与创造进行了展望。

吴帆的硕士论文《岳麓书院园林造园意匠研究》通过引入园林的视角深入分析岳麓书院园林的造园意匠，深入挖掘了书院所具有的文化内涵及其院内建筑的风格；解析了岳麓书院园林空间布局形态特征，探究其空间处理的立意；同时还分析了岳麓书院园林人文环境、植物配置以及园林装饰艺术的特色，总结出书院园林环境营造的思想。

柳璇的硕士论文《论岳麓书院的环境景观设计》，通过对岳麓书院进行实地考察、测量等，然后进行分析，得出书院景观的基本轮廓。以东西中轴线作为书院园林景观的中心，组织各书院的园景。从中得知岳麓书院是在现有的地形上进行布局，点、线、面结合的绿化系统，使景色之间相互映衬；为了使环境与自然之间相互协调，需要通过对环境进行配置、点缀。岳麓书院的环境景观设计还可以对建设现代校园的周围环境有一定的指导作用。

4. 秦简的研究

岳麓书院所藏秦简的研究工作还没有完全展开，尤其是简文的内容还没有完全公布，主要是对秦时期的法律、算数、郡制以及如何培养官员等方面的研究，因此岳麓书院秦简的研究还有较大的空间。

萧灿、朱汉民编著的《岳麓书院藏秦简〈数〉研究》介绍了秦简《数》的整理过程，对简文进行了释读，撰写出释文，并从文字释义、计算验证和算理分析等方面进行考证；浏览过这部书之后，从中得知了《数》是一本数学抄本，里面有许多估算法的应用实例，同时还为研究秦代的政治、经济等提供了参考，能够反映当时的一些情况。

朱汉民、陈松长编著的《岳麓书院藏秦简（叁）》对秦王政时代的司法文书《为狱等状四种》竹木简 252 枚进行了详细的整理、介绍与注释；从中可以得知《为狱等状》记载了秦代的司法，将三类不同的文书收录下来，即奏献文书、进言陈事文书和下行文书。

马芳的博士论文《岳麓书院藏秦简（壹、贰）整理与研究》对《岳麓书院藏秦简（壹、贰）》的字、词作穷尽性的、系统的考察，具体包括简文的整理、文字设定、词意的考证再到字用、字形研究等。该研究正是对秦简的正其误、补其阙，这将有助于人们对岳麓书院藏秦简壹、贰有更具体全面的了解。

上述四个角度简略介绍了千年学府——岳麓书院的历史变革、学术传统、人才培养方针和成就。得知了千年弦歌不断的岳麓书院在中国教育史、学术思想史和人才培养史上的卓绝贡献和独特地位。

（二）关于岳麓书院德育的研究综述

岳麓书院德育传统虽然在投合中国封建社会自给自足的经济格局，维护以家族制度为基础的封建宗教社会等方面有消极作用，但是它反映了在人的发展过程中德育总是居于主导地位这一人才成长的一般规律。本书批判地继承岳麓书院的德育传统，同时指出其对构建当代德育模式有着重要的启迪作用。以下主要从三个方面来介绍岳麓书院的德育。

1. 古代书院的案例分析

杜华伟的博士论文《中国古代书院个体德性培育研究》中多处引用岳麓书院主教张栻的著作并以岳麓书院为例进行研究。该论文是将古代书院在德育的培养方面所采用的方法与途径作为研究的中心，分析古代书院在德育方面的优劣得失，为当前社会道德建设提供了非常重要的借鉴。

吕红安的硕士论文《张栻书院教学思想研究》中有对于岳麓书院德育课程的研究，该论文对张栻在执教时的教学风格、教学原则及教学内容进行了总结。他务实的教学理念，注重实践与理论相结合，教学始终以德育为先的风格受到了极大的推崇。还对其他书院的教学理念进行了分析并与当代教育理念进行了对比分析，对当代教育有很多的启示。

陈吉良的硕士学位论文《清代湖南书院课程研究》重点研究了岳麓书院的经史教育及课程改革。该文章主要是探讨清代湖南书院课程问题，目的是分析具体历史进程中书院课程变化，展现清代湖南书院课程的发展和演变，剖析不同时期湖南书院课程的特点。而肖永明、唐亚阳发表的论文《书院祭祀的教育及社会教化功能》中重点以岳麓书院为例探讨了书院祭祀的教育及社会教化功能等。从中可以得知书院制度当中有个很重要的内容就是祭祀，祭祀可以增加人们对道德观念的认同感，从而提升对儒学的信仰，增强人们的社会使命感。

2. 岳麓书院历史的研究

朱汉民、邓洪波等著的《岳麓书院志》《岳麓书院史话》，杨慎初著的《岳麓书院史略》等，从历史的角度对岳麓书院的人文教育进行了研究。杨布生所著《岳麓书院山长考》中有对岳麓书院山长实行道德教育的研究。陈谷嘉编著的《岳麓书院名人传》中则有岳麓书院所出名人受岳麓书院德育之影响，德才兼备之人才辈出的介绍等。书院的德育传统不仅传递了规范的形态变化，还传递了知识形态的文化，同时还传递了不同层次的规范文化。德育不仅影响过去，还能够在将来产生强大的力量，影响未来。

3. 关于岳麓书院德育的研究

德育一直被岳麓书院历代的山长所重视，同时其对"育德"也非常重视。一个人的发展在很大程度上与社会道德教育和个人修养有关系。书院在传统教育上的价值取向是育德，然而始终处于主导地位是德育。学院的发展史上，经历过学派纷争，社会变革，但书院的重点始终放在德育和育德上面。

冒亚龙的论文《岳麓书院园林景观》及吴帆的论文《岳麓书院园林造园意匠研究》以及袁恩培、陈中的论文《岳麓书院建筑雕饰的艺术意蕴及文化成因》也从园林建筑等角度探讨了岳麓书院建筑的德育价值。文中指出岳麓书院所具有的儒家基本精神，即以人文化成天下。儒家的人文精神比较注重社会和人之间的关系，所以书院的人文表现主要体现在三个方面：社会地位、爱国主义和主体人格。

关于岳麓书院德育的直接研究相对来说比较少，但还是有些学者对此进行了挖掘，如彭文军、丁三伏所著的《岳麓书院德育传统对建构现代德育模式的启示》。我们可以把它归纳为以下三点：第一，始终把德育置于学校教育工作的首位。第二，德育传统模式的科学内涵。第三，重视对学生理想人格的建构。想要挖掘书院的德育传统仅仅从历史的角度是不够的，还应该能够从中发掘出对现代有价值的东西。学习到有价值的精神力量，从而揭露书院的德育传统的发展历程。现代德育应该从传统德育中批判地继承，从中借鉴到相应的价值，这对实现现代德育模式的构建非常重要。

对于岳麓书院德育的直接研究是一个待挖掘之处，因此，本书正是对岳麓书院的德育进行专题研究，发掘其中的传承价值，并发扬光大。

二、主要概念的界定

（一）岳麓书院

岳麓书院是古代汉族书院建筑，属于中国历史上著名的四大书院之一。位于湖南省长沙市湘江西岸的国家 AAAAA 级风景名胜岳麓山东面山下。1988 年，岳麓书院建筑群被国务院批准为第三批全国重点文物保护单位，为岳麓山风景区重要观光点。

开宝九年（976），潭州太守朱洞在僧人办学的基础上，由官府捐资兴建，正式创立岳麓书院。嗣后，历经宋、元、明、清各代，至光绪二十九年（1903）改为湖南高等学堂。祥符八年（1015），宋真宗召见山长周式，并赐书"岳麓书院"四字门额。1926 年正式定名为湖南大学。历经千年，弦歌不绝，故世称"千年学府"，现为湖南大学下属学院。

（二）德育

通常，学术界认为"德育"有广义与狭义之分。从广义的角度来说，"德育"指所有有目的、有计划地对社会成员在政治、思想与道德等方面施加影响的活动，包括社会德育、社区德育、学校德育和家庭德育等方面。①

　　狭义的德育则专指学校德育。本书中的德育指狭义的德育，指教育者根据社会的要求和受教育者的需要，遵循道德发展的规律，采用言传、身教等方法，在与受教育者的积极互动中，把一定的观点准则、道德规范、法制纪律等，进行内化和外化，使受教育者的思想、道德、法纪和政治、心理等方面的素质得到发展的系统化活动的过程。②

---

① 百度百科. 德育［DB/OL］.（2013－11－17）［2019－03－18］. https：//baike. baidu. com/item/%E5%BE%B7%E8%82%B2/7382230？fr＝aladdin.

② 鲁洁，王逢贤. 德育新论（新世纪版）［M］. 南京：江苏教育出版社，2002：128－129.

第一章
岳麓书院的发展与精神

　　岳麓书院历经千年，多次变革，沿袭至今，举世罕见，被海内外学者称为罕见的"千年学府"，因此，其历史发展具有很强的史料价值。虽然在不同时期，不同年代，岳麓书院在选取的教材、采用的教学方法、制定的具体目标上略有差异。但从总体上看，其以"明道传道"为核心的人文精神、以"独立创新"为核心的学术精神却贯穿始终，历久弥新，成就了千年弦歌不绝的岳麓书院。

第一节　岳麓书院的发展概况

　　岳麓书院，一座历经风雨、弦歌不绝的千年庭院，至今仍屹立于巍巍岳麓山下，接受着人们的一步三叹、流连忘返。人们感叹的不只是它现在的庭深许许、曲径通幽，更多的是它身后沉淀千年的历史。

一、北宋初创

　　书院，作为中国的一种教育机构，最早起源于唐朝，然而唐朝产生的书院与后世所认知的书院有所不同。唐初，书院作为中书省藏书、修书及侍讲的机构，主要具有收集、整理、校勘图书典籍的功能，而并非讲学授教的场所。唐末，具有"传道授业"功能的私人书院开始产生。清代袁枚的《随园笔记》中记载："书院之名，起唐玄宗时，丽正书院、集玄书院，皆建于朝省，为修书之地，非士子肄业之所也。"

据文献记载，我国文教事业在唐朝末年和五代时期由于战乱频繁受到了严重的破坏，湖南由于处于偏远地区，所受影响更甚。北宋王朝将全国进行了统一，将唐末五代彼此分割的局面打破，使文化教育得以发展。士子们产生了强烈的读书愿望，统治者也开始采纳对文化重视的策略。宋朝初期，官学未得到发展，而民间书院于唐末五代时期开始萌芽，由于和文化教育发展的需求相适应，书院的发展因此而富有勃勃的生机，其中岳麓书院即是在此次兴办书院的热潮中成立的。①

> 根据南宋欧阳守道《赠了敬序》中记载："往年余长岳麓，山中碑十余，寻其差古者，其一李北海开元中为僧寺撰，其一记国初初建书院，忘撰者名。碑言书院乃寺地，有二僧，一名智璿，一名某，念唐末五季湖南偏户，风化凌夷，习俗暴恶，思见儒者之道，乃割地建屋，以居士类。凡所营度，多出其手。时经籍缺少，又遣其徒市之京师，而负以归。士得屋以居，得书以读。其后版图入职方，而书院因袭增拓至今。"②

在唐末五代时期，智睿与另一位和尚，因推崇儒学之道而建设校舍、置书办学，使当时的学子"得屋以居，得书以读"，因此得以形成了岳麓书院的雏形。

开宝四年（971），设置潭州，州治设立于长沙，下辖十二县。开宝六年（973），朱洞至潭州出任太守。由于当时官学未兴，且地方文化急需发展，因此开宝九年（976），在刘鳌的提议下，朱洞将智睿等创办的学校就

---

① 朱汉民，邓洪波. 岳麓书院史话［M］. 长沙：湖南大学出版社，2009：8.
② 欧阳守道. 赠了敬序［M］//欧阳守道. 巽斋文集：卷七. 文渊阁《四库全书》影印本.

地扩建为"讲堂五间、斋舍五十二间"的岳麓书院。岳麓书院因此诞生，且初具文教规模。

咸平二年（999），潭州太守李允则进一步扩建岳麓书院，并为岳麓书院讲学、藏书、供祀、学田的基本规制奠定了基础，从此得以形成一种相对稳定的制度。讲学为书院办学的首要内容，因此，李允则在原有的建筑基础上重开讲堂，将师生讲学论道的讲堂、学生读书学习的斋舍设置在了书院的中心位置，此后，中设讲堂这一建筑特点得以一直沿用。在唐代，书院本为藏书、校书之地，这也是书院这一名称的由来之一，因此藏书为书院办学的重要部分。而在李允则准备扩建岳麓书院时，之前所藏书籍几乎所剩无几，因此李允则建立藏书楼并收集图书，并将藏书楼安置在讲堂后的中轴线上，以显示藏书楼的地位。祭祀也是书院办学的重要组成部分，因此李允则在扩建岳麓书院时增设"礼殿"，增加了相关祭祀设施，使书院祭祀成为推崇学识、供祀先人、模范教育的一种有效形式。同时，李允则还首创岳麓书院的学田建设，开辟"水田供春秋之释奠"，成了岳麓书院办学经费的重要来源。咸平四年（1001），李允则上奏朝廷为岳麓书院修广舍宇，求取了国子监的多部经书，得到了朝廷对于岳麓兴学的支持。由于书院求学者大于定额人数，李允则又上书请求于湘江西岸增设湘西书院，这也反映了岳麓兴学的影响在不断扩大。

古代将书院的院长称为山长，是书院教学、行政的主持者。周式为岳麓书院史志记载的第一任山长。周式学行兼优，尤其以行义著称，是一位研究笺注训诂的经学家。在他的主持下，岳麓书院达到了北宋时期最繁荣的阶段，发展到了数百人的规模，这远超当时官学国子监的规模。周式还建立了严密的施教系统，使书院的教学与管理日趋严谨规范。因周式办学成绩卓然，他受到了宋真宗的召见。皇帝召见书院山长，这在古代书院史中都是较为罕见的，可见周式礼遇之高。宋真宗爱惜周式之才能，本欲任命周式为国子监主簿，留在宫中，但周式无意为官，坚持回岳麓书院任教，宋真宗为其精神所打动，因此同意了他的请求，并赐其书籍、鞍马，并为岳麓书院亲自题写匾额，此匾额的石刻至今仍保留于岳麓书院中。此后，岳麓书院更加享誉天下，并对当时全国书院尤其对湖南的书院发展起到了推动促进的作用。

北宋后期，为兴办学校，范仲淹、王安石、蔡京三人先后主导了三次兴办官学的运动。三次兴学运动将科举与官学相联系，极大地提高了官学的地位。与此同时，学士们对书院的兴趣大大降低，兴办书院的热潮开始冷却。在三次兴学运动中，岳麓书院的地位一度遭到冲击，如绍圣四年（1097），为落实朝廷发布的鼓铸令，有执行者建议改岳麓书院为鼓铸厂，幸得湘阴县县尉朱辂及众人的努力，岳麓书院才得以保存。崇宁四年（1105），王安石"三舍法"推行至州县，岳麓书院被要求遵循"三舍法"改为州县学。在这样的政策下，岳麓书院以一种特殊的方式存在于教育体制之中。岳麓书院被纳入到"潭州三学"的教育体制中。"三学"，也就是三位一体的湘西书院、潭州州学、岳麓书院。其中这"三学"分成三个不同的级别，在三个等级中呈一种阶梯式的模式上升，学生可以通过考试而获得不同的升学安排。学生在官办州学求学过程中，取得优良成绩，可以升到湘西书院，而湘西书院的学生取得优良成绩者，才有机会升到岳麓书院，岳麓书院在"三学"中，是最高学府。岳麓书院的地位没有因为官学运动的负面影响而被撼动，其地位始终高于州、县学，作为地方的高等学府而存在。

北宋书院在朝廷和各级官府的支持下，蓬勃兴起，其中产生了后世著称的"四大书院"。虽然关于四大书院的说法众说不一，但唯有岳麓书院为众人所推，如南宋著名教育家、政治家王应麟在其所作《天下四书院》中记载岳麓书院如是：

"开宝九年，潭州守朱洞始创宇于岳麓山抱黄洞下，以待四方学者。作讲堂五间，斋序五十二间。孙迈为记。咸平二年，潭守李允则益崇大其规模。三年，王元之为记，曰'西京首述文翁，东观先书卫飒，其理蜀郡，教桂阳，率以庠序为先'云云。中开讲堂，揭以书楼，塑先师十哲之像，画七十二贤，潇湘为洙泗，荆蛮为邹鲁。四年二月二十日辛卯，允则奏岳麓山书院修广舍宇，生徒六十余人，请下国子监赐诸经、释文、义疏、《史记》、《玉篇》、《唐韵》。从之。祥符五年，山长周式请于太守刘师道，广其居。谭绮为记。式以行义著，八年召见便殿，拜国子主簿，使归教授。给诏因旧名赐额，仍增给中秘书。于是书院之称闻天下。乾道元年，帅臣刘珙重建（为四斋）。定养士额二十人。二年十一月，张栻为之记。淳熙十五年，帅臣潘畤广二斋，益额十人。陈傅良为记。淳祐六年，赐御书'岳麓书院'四字，揭之中门。书院南，风雩亭之下，别建湘西精舍。

开禧中，建南岳书院于庙侧。宝庆中，迁于集贤峰下，以监庙兼山长。衡州石鼓山有书院，起唐元和中，州人李宽所为，国初尝赐敕额。淳熙十三年，部使者潘畤因旧址列屋数间，榜以故额。宋若水益广之。朱熹为记。"①

这说明岳麓书院无论是规格规模、历史渊源还是办学成果，在当时书院中都已经位于首列。

二、南宋兴盛

自建炎三年（1129）至绍兴二年（1132），岳麓书院所在地潭州战火不断，岳麓书院也于绍兴元年（1131）被毁于战火之中。对此，士大夫们均叹息不已，希望能承袭教学，复兴书院，但却受当时情况所迫而无法完成。著名理学家胡宏便是其中一员，他要求修复岳麓书院，却因宰相秦桧拒绝而成为遗憾。直至乾道元年（1165），深受理学影响的刘珙出任湖南安抚使知潭州。在此期间，他"葺学校，访雅儒，思有以振起"，并命郡教授郭颖主持重修岳麓书院一事。耗时数月，岳麓书院得以重新修建，并基本恢复了原有的建筑规模及办学规制。刘珙不仅重建岳麓书院，还邀请其颇为敬重的张栻来主教岳麓书院，这使得岳麓书院迈入了一个新的历史阶段。张

① 陈谷嘉，邓洪波．中国书院史资料：上册［M］．杭州：浙江教育出版社，1998：43－44．

杖的到来也实现了其师胡宏的一大愿望，即将理学与书院相结合，传播理学思想。

我国古代书院在南宋时期得以快速发展，就南宋书院来说，其特点是理学思想的发展与书院制度的结合。南宋时期，理学家们为了振兴儒家思想，在儒家理论的基础之上，创设对佛道两家的思辨方法，吸收宇宙论理论知识，并在书院中进行推广和一些学术性的教育研究，使书院富有勃勃生机。①

南宋时期受理学思潮的影响，岳麓书院逐渐走向鼎盛。其中，张杖的主教与朱熹的讲学都对南宋时期的岳麓书院产生了巨大的影响。

张杖（1133—1180），号南轩，字敬夫，南宋著名理学家，师从胡宏，学成后返回长沙城南学院讲学，受刘珙所邀，于岳麓书院主持教学。张杖前后主教岳麓书院共 7 年之久，在这期间，岳麓书院发生了历史性的转变。乾道二年（1166），张杖写下了著名的《潭州重修岳麓书院记》，记载了其在岳麓书院主教期间的办学思想，全文如下：

> 潭州岳麓书院，开宝九年知州事朱洞之所作也。后四十有五年，李允则来为请于朝，因得赐书藏焉。是时，山长周式以行义著，祥符八年召见便殿，拜国子主簿，使归教授，始诏因旧名赐额，仍增给中秘书，于是书院之称闻天下。
>
> 绍兴初，更兵革灰烬，十一仅存，已而遂废。乾道元年，建安刘侯珙安抚湖南，既别蠹夷奸，民俗安靖，则茸学校，访儒雅，思有以振起之。湘人士合辞以书院请，侯谏然曰："是固章圣皇帝所以加惠一方，劝厉长养，以风天下者，而可废乎？"乃属州学教授金华邵颖经纪其事，未半岁而成，大抵悉还旧规。某从多士观焉，爱其山川之胜，堂序之严，徘徊不忍去。喟而与之言曰："侯之为是举也，岂将使子群居伙谭，但为决科利禄计乎？抑岂使子习为言语文词之工而已乎？盖

---

① 朱汉民. 千年岳麓 唯有源头活水来 [J]. 国学, 2011 (2)：11–14.

欲成就人才，以传斯道而济斯民也。"惟民之生，厥有常性，而不能以自达，故有赖于圣贤者出而开之，是以二帝三王之政，莫不以教化为先务。至于孔子，述作大备，遂启万世无穷之传。其传果何欤？曰仁也。仁，人心也，率性立命，知天下而宰万物者也。今夫目视而耳听，口言而足行，以至于食饮起居之际，谓道而有外夫是乌可乎？虽然，天理人欲，同行异情，毫厘之差，霄壤之缪，此所以求仁之难，必贵于学以明之与。善乎，孟子之得传于孔氏而发人深切也。齐宣王见一牛之觳觫而不忍，则告之曰："是心足以王矣。"古之人所以大过人者，善推其所为而已。论尧舜之道，本于孝弟，则欲其体乎徐行疾行之间。指乍见孺子匍匐将入井之时，则曰恻隐之心，仁之端也。于此焉求之，则不差矣。尝试察吾终日事亲从兄，应物处事，是端也。其或发见，亦知其所以然乎？诚能默识而存之，扩充而达之，生生之妙，油然于中，则仁之大体岂不可得乎？及其至也，与天地合德，鬼神同用，悠久无疆。变化莫测，而其则初不远也。是乃圣贤所传之要，从事焉，终吾身而后已。虽约居屏处，庸何损，得时行道，事业满天下，而亦何加于我哉？侯既属某为记，遂书斯言以厉同志，俾无忘侯之德，抑又以自厉云尔。二年冬十有一月辛酉日，南至右承务郎直秘阁赐紫金鱼袋广汉张某记。①

在张栻主教期间，岳麓书院发生了一系列的变化。首先是转变教育宗旨，张栻在《岳麓书院记》中明确了新的教育宗旨，他旗帜鲜明地反对以应付科举考试为目的，在《重修岳麓书院记》中指出："侯之为是举也，岂特使子群居佚谈，但为决科利禄计乎？亦岂使子习为言语文辞之工而已乎？盖欲成就人才，以传道而济斯民也。"张栻并不反对科举制度，但是对当时为了应付科举考试而学习的风气则予以坚决否定，否定那些只具文辞之功的无用之才，提出书院应培养"传道济民"的人才。其次是改变教学模式。

---

① 张栻. 南轩集［M］. 上海：上海古籍出版社，2011.

岳麓书院为了提高书院的教学水平，采用了对文辞章句和传注经学双管齐下的教学方式。在南宋后期，岳麓书院对教学方法和教学内容进行了不断的改进，例如张栻将"传道"与生活实践相结合进行教学，教学内容注重与时俱进，以问答的方式进行讲学等。从这些方面可以反映出岳麓书院的教学方法是灵活多变的，学生的思想也越来越活跃。最后，张栻改变了岳麓书院中的相关机构及其功能。在北宋时期，岳麓书院设置了 11 个教育部门用以教学。张栻使这些教育部门增加了学术研究的功能，丰富了学术研究的方式，例如编写讲义、师生答疑、学术会讲等。这使得岳麓书院很快成了学术重镇，并为学派的发展提供了条件。① 张栻凭借其自身的学术思想与独特的教学方法、教学内容等使岳麓书院成了一个全国闻名的理学基地，在此基础上湖湘学派获得了极大的发展。

朱熹（1130—1200），字元晦，号晦庵，祖籍江西婺源，生长于福建尤溪。在学术方面，朱熹最突出的地方在于将天理论、格物致知论、心性论、持敬说等理学思想集中在一起，形成了一个体系。他的《四书集注》，在后来科举中以标准答案和必读之书出现。朱熹两次在岳麓书院讲学，乾道三年（1167）的"朱张会讲"开了不同学派在同一书院讲学的先河，是诸多学派会讲的开始。淳熙七年（1180）张栻病逝，湖湘学派的传承与岳麓书院的发展面临着严峻的考验。绍熙五年（1194）岳麓书院得以重建，同年，朱熹到潭州担任湖南安抚使，在就职期间，他将郑贡生、刘黎贵聘请为书院的学录和讲书执事，增添十名学生，并将《白鹿洞书院揭示》颁于岳麓书院，这使岳麓书院从此有了正式的学规。朱熹的书院教条在社会上得到了极大的推广，对于官学的发展也有一定的作用。

乾道、淳熙年间（1165—1189），理学鼎盛，学派林立、名人辈出，因此岳麓书院得以快速发展。"庆元党禁"时期，它暂时沉寂，默默无闻。南宋嘉定之后，岳麓书院又掀起了办学热潮。依照《玉海》记载："淳祐六年（1246）赐御书'岳麓书院'四字揭之中门。"这是继真宗之后，岳麓书院

---

① 朱汉民，张栻. 岳麓书院与湘学学统 ［J］. 湖南科技学院学报，2014，35（09）：9－15.

又一次受到表扬，并且获得赐额的殊荣。

三、元代重建

1271 年，元世祖忽必烈正式建国，号大元。尽管元朝的统治者为蒙古族，但其为了长治久安而选择推行"汉化政策"，尊崇理学。尽管忽必烈对书院采取保护发展的政策，但岳麓书院仍在抗元战争中被化为废墟。全国统一后，元朝的统治者重视书院的保护，接受有识之士的意见，先后颁布了多条保护书院的相关政策。此后，直到至元二十三年（1286），随着国家的稳定，岳麓书院才在潭州学正郡人刘必大的主持下得以恢复重建，各方学子得以重新云集于此，求学问道。

至元二十八年（1291），南台御史中丞徐琰起聘请"楚材之良者"张图南为岳麓书院山长。张图南，字则复，号息堂，祖籍庐陵安成，随父徙至长沙，遂为长沙人。张图南长期任教于湖南，于岳麓书院担任山长后又转任濂溪书院、紫阳书院山长，这也是元代岳麓书院山长中最为著名的一位山长。

延祐元年（1314），因距上一次修复已隔 30 年之久，此时的岳麓书院墙垣残破，部分房屋倒塌，已经影响了正常的教学活动。因此，来岳麓书院考察的郡别驾刘安仁"睹其敝圮"，请来了善化县主簿潘必大主持重新修复岳麓书院。其间，朱某与张厚先后担任岳麓书院山长，重修书院，修复后的岳麓书院规制宏整，呈现出全新的面貌。元代杰出的理学家、经学家、教育家吴澄作《岳麓书院重修记》记载此次浩大的重修工程。

泰定初年（1324），阿荣任湖南宣慰使，岳麓书院迎来傅若金担任直学。傅若金，字与砺，善毛氏诗，喜汉魏盛唐著作。傅若金为岳麓书院史上最著名的直学，其才学令人称赞，但不善于钱谷经营，其在任直学的十年间，书院遭遇"外侮内讧"的危机，经济命脉遭到豪右的侵占，教学活动也受到了一定的影响。

至元年间（1335—1340），能文能干的李遂初出任岳麓书院山长。此前因岳麓书院"外侮内讧"陷入经济困境，李遂初上任后厘清田产，秉公无私，使岳麓书院再获转机，仓廪复实，得以长足发展。

由于书院继承了宋朝"成就人才以传道济民"的宗旨，要求学生讲求仁义，而非追求"工于辞章，熟于记诵，优于进取"，因此在教学方面初见成效。因为悠久的历史，宏整的规制，在元朝时，岳麓书院依然在国内享有盛名。①

四、明代兴复

明代政府致力于官学的发展，相对轻视书院的兴复。因而在明朝早期，书院发展极其缓慢。自至正二十八年（1368）被毁后，岳麓书院也经历了一段残垣破屋、野莽荒草的岁月。

明朝建立后，官府大力兴办官学，曾经饱受委屈的汉族知识分子纷纷复出，坚定地支持明朝政府的政权。同时，元朝"遗民"知识分子则坚定地维护书院政策，退而走向书院讲学。然而寡不敌众，在明朝政府的政策支持下，地方官学纷纷复兴。同时，明朝政府实行的八股取士政策将举业与学校结合，士人为博取功名而走向学校。在此背景下，书院经历了近百年的沉寂。

自元末战争被毁以后，岳麓书院经历了六十余年的沉寂与萧条。明代中叶，学校教育的发展出现了衰退的迹象，有识之士们将目光转向了书院。宣德七年（1432），周辛甫捐赠岳麓书院讲堂，这是明代岳麓书院最早的一次修复。成化五年（1469），长沙知府钱澍再次修复书院。对于钱澍的这一次修复效果，康熙《岳麓志》中记载道："百数十年丘墟之地，顿靓大观，厥功伟矣！"②

弘治初年（1488），长沙府同知杨茂元、陈钢对明代书院进行了兴复。陈钢首次将祭祀朱熹、张栻的崇道祠进行创设。尊经阁则由杨茂元创建，并嵌刻"紫阳遗迹"，彰显朱熹（紫阳）在湖南之功勋，杨茂元为此特作

---

① 朱汉民. 中国传统文化导论［M］. 长沙：湖南大学出版社，2000：55.
② 吴道行，赵宁，等修纂；邓洪波，杨代春，等校点. 岳麓书院志［M］. 长沙：岳麓书社，2012：246.

《重修岳麓书院记》。

正德二年（1507），守道吴世忠依照长沙府县生员何凤和长沙卫指挥杨溥等人的意见，带领师生及府、县、卫官员实施了规模较大的扩建工作，为之后的发展奠定了基础。嘉靖后期，全国各地都兴起了发展书院的热潮。至宋元时期，岳麓书院的规制又得到了进一步的完善。嘉靖六年（1527），长沙知府王秉良对书院进行扩建，岳麓书院达到了前所未有的规模。[①]

嘉靖统治时期，在地方官府和明世宗的大力支持下，岳麓书院规制得到了进一步的发展。明世宗在位前15年（1522—1536）里，因信奉孔子、朱熹，重科举，故学术自由不受限，对于学院的发展也给予了支持。嘉靖七年（1528），岳麓书院发出请求赐书的请愿，再次恳请御制"敬一"诸箴，于是"九年庚寅春正月壬辰朔，颁御制敬一等箴于湖广长沙府岳麓书院"。知府潘镒为此专门修建了用来收藏诸箴的敬一箴亭。皇帝为书院颁箴、赐书、置山长，这在古代是非常少见的。正是由于这种重视，明代书院不断蓬勃发展，岳麓书院也因此曾"振美一时"。

嘉靖十六年（1537），明世宗为防止湛若水、王阳明等利用学术问题拉帮结派而形成政治反对派，又为了挽救当时名存实亡的官学，颁布了禁毁学院的政策，由于官学发展的腐败，以及明世宗曾予以岳麓书院厚待，王门弟子对于书院的支持等原因，岳麓书院在这次诏毁书院的政策中未受影响。

明朝书院的发展，和王阳明心学的兴起有着必然的联系，岳麓书院亦如此。明朝著名的教育家、思想家王阳明提出了"致良知"等学术思想，促进了"变士风，明学术，以成天下治"的目标实现。阳明心学使得古代教学理论得以丰富，并推动了书院的进一步发展，促进了自由讲学之风的兴起。正德二年（1507），王阳明由于对太监刘瑾的触犯，被贬谪至贵州龙场。王阳明从北京前往贵州的路途中经过长沙，曾到岳麓书院，虽其本人未在岳麓书院讲学，但作为大儒经行过化之地的岳麓，其弟子与再传弟子

[①] 朱汉民，邓洪波. 岳麓书院史话［M］. 长沙：湖南大学出版社，2009：50.

不断莅临讲学，使岳麓书院成了王学的重要讲坛。①

王学对于岳麓书院的学术发展产生了一定的影响，但朱张理学的传统仍然占据岳麓书院学术的中心地位。王学弟子至岳麓书院讲学无法避免受到此传统的影响，由于岳麓书院重学术务实与实践，所以并没有受到明代后期学术空谈良知之风的不良影响。

明朝改变了宋元以前山长之职的规制，开教官代摄山长之职与"分官训迪"之先河，但书院仍讲究尊师重道，以此捍卫学术的尊严。据史料记载，明朝岳麓书院的山长虽然遵循代摄山长与"分官训迪"之制，但山长的聘任权力与宋元两朝相同，均掌握在官府手中，不同的是官府级别的下移。万历十年（1582），吴道行被聘为岳麓书院山长，作为明代岳麓书院的最后一任山长，他全力贯彻朱张之学，极力纠正王学之弊端，并且承前启后，编撰《岳麓书院志》。明亡，绝食而死，葬于岳麓山，谓"以岳麓为生死焉"。

五、清代发展

在清朝，我国古代书院得到了进一步的普及。清初，官方加大了对岳麓书院的支持力度，对建造院舍、制度建立、经费把控等体系进行了完善。除此以外，岳麓书院为乾嘉汉学所影响，其教学内容也产生了变革。

清朝建立初期，官府唯恐书院清议朝政及自由讲学之风复活，因而刻意压制。岳麓书院虽然恢复较早，但是同样举步维艰。顺治十四年（1657），朝廷批准了修复石鼓书院的请求，由此拉开了恢复书院的序幕，而岳麓书院作为四大书院之首，于顺治九年（1652）开始恢复。康熙七年（1668），周召南修复岳麓书院，书院教学步入正轨。然而康熙十三年（1674），吴三桂叛兵攻占长沙，战乱将修建成果吞噬，岳麓书院再次遭受冲击。康熙年间，岳麓书院在巡抚丁思孔的领导下得到了整体重建，并于康熙二十六年（1687）春获康熙御赐的"学达性天"匾额及赐书。对岳麓书院而言，这肯定了朱张之学的正统地位，也再次提高了其影响力，同时

---

① 朱汉民，邓洪波．岳麓书院史［M］．长沙：湖南大学出版社，2017：200．

也推动了全国范围内书院的修复与发展。

雍正初年，清政府不再限制书院的发展，转而进一步扶持。雍正十一年（1733），雍正下令由朝廷拨款来兴建书院，帮助重点发展"省城书院"。岳麓书院也借此被列为"省城书院"，进一步奠定了其高等学府的地位。乾隆积极鼓励书院发展，同时规范书院的管理政策，建立了层级分明的教育体系，以维系统治。乾隆八年（1743），湖南巡抚蒋溥恳求乾隆皇帝御赐岳麓书院匾额，把岳麓书院树立为典范，于是乾隆御赐"道南正脉"匾额于岳麓书院，借此来肯定和发扬岳麓书院宣扬正学的功劳。清代中期，于全国而言，岳麓书院的发展呈现出一种"众人皆弱我独强"的状态。岳麓书院成为全国书院发展学习的楷模，同时人们也将振兴教育的希望寄托在岳麓书院身上。

清代岳麓书院的规制得到了进一步的发展，主要体现在以下几点：第一，关于教学。清朝初期岳麓书院进行了重建，并设立了"静一堂"与"成德堂"。斋舍也被修葺扩大，由最初的 6 间斋舍扩建到 114 间。学生名额分正课生与附课生两种。到嘉庆七年（1802），生额增至 138 名，其后住院生一直差不多在一二百人。第二，关于藏书。康熙二十六年（1687），巡抚丁思孔请得御书多达 18 种，兴建"御书楼"。之后御书楼经多次重修，书籍日增。在咸丰战火后，又于同治年间恢复，藏书增至 14130 卷。光绪二十四年（1898），获熊希龄等人捐书 120 种，这标志着岳麓书院藏书进入了一个新的阶段。岳麓书院的藏书来源分别是少量的皇帝赐书、大量的社会各阶层的捐赠书籍、地方拨款购书以及书院自置图书。第三，祭祀方面。清朝初期，岳麓书院设祭十五处。光绪年间增至二十九处之多，祠宇之多，受祭祀的对象之众，前所未有。第四，学规方面。清朝以前，关于岳麓书院文字记载的学规较少。到康乾盛世，岳麓书院学规不断增加。直至嘉庆年间，岳麓书院的规章制度不断细化完善。清代学规将近二十多种，近二百多条，成为岳麓书院成立以来，学规数量最多的朝代。①

① 朱汉民. 中国传统文化导论［M］. 长沙：湖南大学出版社，2000：59.

六、近现代变革

自鸦片战争之后，中国进入急剧变化的近现代时期。而中国的教育也在经历着不断的变化。中国古代书院作为封建时代的产物，由于不能适应时代发展的需要，因此，出现了废书院兴学堂、兴学校等学校体制的变革。清朝晚期至今，岳麓书院不断演变，几度更名。由开始的书院，转变成湖南高等学堂，后又转变成为湖南高等师范学校、湖南公立工业专门学校，最后成为今天的湖南大学。

鸦片战争之后，近代中国面临种种危机，这迫使近代中国不得不在政治、经济、文化、教育等领域进行改革。岳麓书院作为封建社会的教育机构，其教学内容、教学形式等诸方面皆不能适应当时的需求，因此，岳麓书院的改制在当时显得尤为迫切。最初岳麓书院只是在课程上做了些许改动。光绪年间，山长王先谦立足于"中学为体，西学为用"的立场，将教学内容分为"经义"与"治事"，增加了算学、译学两门新课程，并为学生刻印宣传"新学"的《时务报》，同时效仿西方学校的教学方式，结合书院特点，变通课程教学方式。尽管如此，王先谦仍反对将书院制度进行根本性的变革，也反对传授西方社会科学等内容。甲午中日战争之后，为了推动维新变法的发展，谭嗣同、熊希龄等拟新创时务学堂来培养学贯中外、体用兼备的人才。因此光绪二十三年（1897）八月，湖南巡抚陈宝箴刊发了《时务学堂缘起》，并在全省范围内招生。尽管在梁启超和熊希龄的主持下，时务学堂办学取得了一定成效，但在戊戌变法失败后，时务学堂受到了打击，并被迫改为求实书院。1903 年 3 月，湖南巡抚赵安巽上奏请求把岳麓书院更名成学堂，并把它和时务学堂改制后的学堂相结合，最终形成了湖南高等学堂。至此，岳麓书院终于改变其延续千年的办学形式，开始了其近代教育的新阶段。

辛亥革命以后出现了废弃学堂、兴办学校的情况。1912 年，湖南省都督谭延闿试图在学堂旧址的基础上建立湖南大学，但由于现实条件的制约，最后只能退而求其次，把湖南优级师范学堂建在前高等学堂校舍里，更名为湖南高等师范学校。1916 年湖南高等师范学校迁往武昌，并入湖北高师，湖南公立工业专门学校遂迁入岳麓书院。辛亥革命后学堂停办，遂湖南政界、教育界有不少人士考虑在这一基础上创办湖南大学。1916 年湖南高等师范学校搬离岳麓书院。此后，人们建立湖南大学的呼声渐长，于是就把湖南公立工业专门学校搬进岳麓书院，并在岳麓书院内设立了湖南大学筹备处。岳麓书院高足杨昌济 1913 年留洋归国，开始着手筹备湖南大学。他联名其他同仁上书省政府，要求在岳麓书院旧址的基础上建立湖南大学，认为这不仅可以充分利用湖南高等师范学校的校舍、设备、图书等资源，还可以令这所千年学府继续发扬光大。虽然以杨昌济为代表的教育家们的提议没有被采纳，不过这也为岳麓书院的持续发展以及之后湖南大学的建立打下了一定的基础。①

1926 年 2 月，在教育界和学生联合会的影响下，当时的省政府终于决定在岳麓书院旧址的基础上合并工、商、法三个学校以成立省立湖南大学。1929 年又由最初的九系扩充为十系，此间，在校学生人数为 500 人左右。1937 年，湖南大学由省立改为国立。抗战爆发之后，由于遭战火破坏，湖南大学迁往辰溪。在此期间，湖南大学依然坚持办学，并投入抗战运动中。抗战胜利后，湖南大学迁回岳麓山，重建校园。1949 年新中国成立之后，湖南大学规模再次扩大，形成了一个有 7 个学院，2000 多名在校学生的综合院校。②

1953 年，全国院系调整，取消了湖南大学，与此同时创办了中南土木建筑学院和湖南师范学院。另在岳麓山脚下创设中南矿冶学院，由此岳麓书院发展为长沙高校集中的文教区。1959 年湖南大学迁出湖南师范学院，得到恢复，并于 1978 年被列为全国重点院校之一。

岳麓书院在 20 世纪 80 年代获得了国务院授予的国家级重点文物保护单

---

① 易平安. 诗意·画意·建筑意——论岳麓书院建筑之美 [D]. 长沙：中南大学，2011：11.

② 彭平. 湖南高校的百年分合——纪念湖南高等教育 100 周年 [J]. 株洲师范高等专科学校学报，2002 (7)：30 – 33.

位的称号，接受许许多多的游客参观访问。现在的岳麓书院不再只是一个供中外来宾参观访问的好去处，而是湖南大学人文科学的教育中心，中国传统文化研究的中心，中外文化交流基地，继续发挥着她对人才培养，对学术研究的作用，为中华民族教育事业作出新的贡献。①

第二节　岳麓书院教育的精神

岳麓书院是独具特色的文化教育机构。岳麓书院作为一所千年学府，通过传播高深学问，培养高级人才，形成了以"明道传道"为核心的人文精神与以"独立创新"为核心的学术精神。

一、以"明道传道"为核心的人文精神

岳麓书院十分注重人文精神的培养。人文精神是在人格的发展与完善的过程中，对生活世界的存在给予关注，对认知价值观的强调，同时在现实生活中力求使这种需要、价值和意义实现的精神。在我国的传统文化中，儒家文化一直占据着重要位置，而儒家文化在士人的价值体现、人格要求及实践中，体现了追求"道"及儒家的道德理想。岳麓书院，既传承着儒家文化，更践履着人文精神。

（一）古代官学之弊

古代教育系统主要由官学、私学，以及书院构成。其中古代官学在长期的发展过程中，形成了相对完备的办学层次、课程内容与管理体系。从办学层次来看，古代官学主要分为中央官学和地方官学，其中中央官学包含了国子学、四门学、太学、算学、书学、崇文学等，而地方学就是分等级制的府学、县学、州学和乡学。然而由于官学规模的日益扩大，尤其是

---

① 朱汉民．中国传统文化导论［M］．长沙：湖南大学出版社，2000：60．

官学和科举制度的联合，官学的重心日渐向应试教育倾斜，成为士人们追名逐利的场所。学官不选拔优秀学生，不考核学生德业，学生也不能严格要求自己，官学教育已经难以实现最初培养人才的目的，道德教育就更无从谈起。有识之士幡然醒悟，已经到了一洗旧习与改变士风的关键时刻。不仅朝廷严厉抨击官学的弊病，一些教育家也对官学的流弊进行了深刻的审视与反思。如朱熹就曾直言不讳地对官学以猎取功名利禄为目的的教育状况进行了无情的批判与揭露，直斥太学不以"明人伦作为根本"，一点没有"德行道艺之实"，指出官学教育忘本逐末，学生追名逐利，怀利去义，以致风俗日敝，教育已经无复先王之意。朱熹通过借助当时士人对官学的评价，揭露出了宋代教育让人毛骨悚然的景象。究其根本，主要还是在于官学和科举的联合，由于当时朝廷选拔人才都是按照"一切以文定去留"为标准，因此考试就成了学生读书和官学教育的"指挥棒"。官学成了一个只为科举服务，而不重视人才的培养的机构。① 具体来说，当时的官学具有以下几个特点：

第一，官学沦为科举附庸，而非"传道济民"②。

历代官学机构都是由统治阶级创办，其招收对象是官家子弟，其办学目的在于通过灌输统治阶级的价值观和意识形态，从而培养符合社会道德规范，并服务于统治阶级的人才。尤其在当时将科举列为选择、评价人才的唯一标准后，官学就彻底沦为了科举的附庸，其文化教育的功能被明显削弱。

在这样的一个背景下，许多官学的学生忘记了"学之有本"，忽视了"明道传道"的修习目的。在《福州州学经史阁记》中，朱熹提出，学生平常读书，只是为了博取功名利禄而已，因而读的书越多，反倒越愚昧。"学者之事愈勤而心愈放；词章愈丽，议论愈高，而其德业事功之实，愈无以逮乎古人。不过这不能怪罪于书，读者不知学之有本，而无以为之地也。"③

---

① 李纯蛟 . 科举时代的应试教育［M］. 成都：四川出版集团巴蜀社，2004：10.
② 李纯蛟 . 科举时代的应试教育［M］. 成都：四川出版集团巴蜀社，2004：88 - 172.
③ 朱熹 . 朱子全书［M］. 上海：上海古籍出版社，2002：3813.

朱熹所说看似言重，实为事实。事实上，当时的学生"理愈昧""心愈放"之弊是有目共睹的。

第二，教师为师而不师。

随着科举制度的日趋推进，当时的教师多以"及第"与否为标准来对生徒进行评价，然而生徒对官学的学习体制又多有抵触之心，教师难以按照官学的课程教学，所以在整个教学过程中，他们应付差事，将不学无术的学生送过去，让他们参加科举考试，想侥幸得中。除此之外，又帮助学生应试，教师不再进行教育教学，而是为了对科举考试应对，帮助学生进行时文、旧策以及模拟考试题的应试教育。

第三，教育行政部门应付"皇差"，玩忽职守。

从历史的长河中不难发现，绝大多数的统治者都会督办学校，培养后备人才，所以学校的创设非常重要。他们会对各个省份的学政、督抚等进行仔细甄选，对于有着优良品德而又学识渊博的教师进行奖励，以形成其优良的学习风气。由这些可以发现，教育行政机构往往担负着艰巨的任务，然而事实上，教育行政机构却常常不认真负责，应付了事，以至于贻误学生。

第四，官学教育评价考核体系存在缺陷。

"治国之道，先行其教。"而育人之道，首要是品德的教育。历代君主通常深明此理，然而因为科举制度的影响，国家对于教师的评价，主要通过对其所教学生在科举考试中入选的多少来进行评定。考核学生，也往往看他的名次和成绩，而对于学生德行情况的考查却缺乏实际可行标准。这样一来，教师忙于应试教育，使得德育在学校中逐渐处于弱势地位。

第五，招收对象狭隘。

官学是一种统治阶级借以表达与传播思想，同时培养阶级继承人的机构。从创办的时候起，官学就是为官宦子弟服务的。中央的官学严格控制入学对象，相比较中央官学而言，县、州等地官学尽管没有限制那么严格，但也需要地方长官选送推荐，毋庸置疑，这些入学机会和平民子弟是没有缘分的。

（二）确立"求道传道"的人文精神

正是由于官学的种种弊病，才让一些追求儒家教育的人，争相创办书院来对官学的失误进行弥补，从而使教育得以长足发展。岳麓书院为了将官学教育的弊端革除，更是注重品德修养，对圣学进行传播，让圣道得以发扬。面对官学中追名逐利的腐败现象，岳麓书院著名主教张栻最先在《谭洲重修岳麓书院记》中提出"传道济民"的思想，他说："侯之为是举也，岂特使子群居佚谈，但为决科利禄计乎？亦岂使子习为言语文辞之工而已乎？盖欲成就人才，以传道而济斯民也。"① 这不仅确立了岳麓书院"求道传道"的精神，更犹如一阵清风吹开了笼罩在古代书院之上的阴霾与困惑，为整个中国古代书院之后的发展都指明了方向。

"品行之于人，犹室之有栋，水之有圩也。栋朽，则室倾覆而不可支；圩坏，则水将泛滥而无所底；品行败，则身毁名裂而无以自振。"② 德性是人通过努力而形成的性格特征和道德素质，是自我发展、肯定、完善的重要手段，是个体得以在社会上立足并获得认可的重要条件，是个体用自身素养认识、改变世界，使世界更加公正、和谐的重要途径。

长期以来，儒家都十分重视思想教育，重视个体道德修养教育。孔子在创办私学之时，就十分强调德育的重要性，对学生进行明确要求：以"礼"作为行动规范，以"仁"视为道德理想，并借助一些德性修养办法，如内省自悟、立定志向及改过迁善等使个人的道德品质得到提升。他所提倡的教育根本是德育，所以在他的教育科目中既有语言、文学和政事，也有德行。在他看来德行是居首位的，学校要实施教育，先要培养学生的思想品德修养，让他们在社会中尊老爱幼、诚实待人，其次才是对各种科学文化知识的学习。德育不只是教育的核心，还应是教育的首位。孟子在继承孔子思想的同时不断丰富其理论，认为商、夏、周"学则三代共之，皆

---

① 朱汉民．岳麓书院［M］．长沙：湖南大学出版社，2011：138.
② 邓洪波．中国书院学规［M］．长沙：湖南大学出版社，2000：150.

所以明人伦也"①。在他看来，教育的目的是"兴教化""明人伦"。孟子在"性善论"的基础上，觉得每个人都有善之开端，即"仁、义、礼、智"。个体只有在每天学习、自我修养的情况下，才能发扬"善端"，从而实现道德品质的最高目标。他说："凡有四端于我者，知皆扩而充之矣，若火之始然，泉之始达。苟能充之，足以保四海；苟不充之，不足以事父母。"②

而荀子则在"性恶论"的基础上，指出"古者圣人以人之性恶，以为偏险而不正，悖乱而不治，是以为之起礼义，制法度，以矫饰人之情性而正之，以扰化人之情性而导之也。今人之性恶，必将待师法然后正，得礼义然后治"③。他对孔子"礼"的思想进行了继承，然而对外在教化制约方面更加重视，希望通过健全制度来"化性起伪"，塑造良好的道德品性。儒家传统文化历来注意个人和国家命运的联系，认为个体德行高尚，才可以拥有正确的方向和目标，才可以将能力和智慧进行最好的发挥，才能妥善应对生活中的考验和冲突，才能实现"上可以美政，下可以移俗"的道德目标及人生境界，才能实现社会整体和生命个体一起发展。

岳麓书院以"求道传道"为其主要精神，将道德教育摆在最关键的位置，依据儒家的道德教育方式，对人才进行培养。何谓"道"？老子云："道可道，非常道。"而岳麓书院中的"道"可谓包容万象，体现在其校训、学规、课程等每个角落，如岳麓书院讲堂中竖立着由张栻确定的八个石碑，朱熹亲书的"忠孝廉节，整齐严肃"八个大字也是其"道"体现的一角，虽然并没有文献记载这是校训，但其以碑刻形式镶嵌于壁之久，足可见其地位之重要。"忠孝廉节"四个字分别具有不同的道德含义，体现了不同的道德理念，并由此聚成了岳麓书院"明道传道、以德育人"的人文精神。"忠"是中国道德思想中的一个重要德行，尤其在古代封建社会中被奉为基本的道德原则。正是在这样的历史背景下，岳麓书院也将"忠"提升为校训，成了其重要的教育理念。据史实记载，岳麓书院培养了一批忠于国家

---

① 孟轲. 孟子［M］. 上海：中华书局，2006：88.
② 孟轲. 孟子［M］. 上海：中华书局，2006：59.
③ 王先谦. 荀子集解［M］. 上海：中华书局，2012：421.

和民族的人才，如南宋淳熙到嘉定年间，岳麓书院生徒在国家危难之际，弃笔从戎，勇赴抗金战争第一线，用实际行动谱写了一篇可歌可泣的爱国篇章，也为岳麓书院的历史竖立了一面忠字大旗，对今后的教育产生了很大的影响。校训中另一个"孝"的规定则在于继承和发扬孝亲敬老的精神。在王文清手订的《岳麓书院学规》中开篇即为关于"孝"的规定："时常省问父母，行坐必依齿序。"这两条看似简单平常，实际上却是孝亲爱老的表现。"行坐必依齿序"即是孟子"老吾老以及人之老，幼吾幼以及人之幼"的体现，蕴含了"孝"的普遍价值，并进一步深化和扩展了"孝"的道德内涵。"廉"体现了一种尚廉明崇简洁的道德精神。廉与俭朴相生，贪与奢侈相形。在王文清手定的《岳麓书院学规》中则有"服食宜从简素"这一条，不要求学生"禁欲"，而要求学生要"节欲"，要求学生力避奢侈，克制对奢靡欲望的追求，从理论和行动上做到尚廉崇俭。"节"在中国古代社会通常指礼节、气节或节操。虽然在岳麓书院的相关文献中没有关于"节"的直接诠释，但它所培养的生徒在民族危亡时刻守节不移的表现是对"节"最好的行动诠释。

岳麓书院不仅注重培养学生出世的修养，而且同样注重培养其入世的本领，这是岳麓书院人文精神另一个方面的体现。从书院学者的角度看，儒家追求的"道"，并非止步于完善个体，也并非在出世中追求超凡脱俗的满足，而是应该在此基础上、在现实生活中实现自己的社会价值。因此，书院的生徒们也谨记学院的目标，把社会政治与人伦追求联系起来，通过科举考试的形式使自己的知识话语权转变为政治话语权，实现真正意义上的修身、齐家、治国、平天下。岳麓书院在培养人才时也十分注重应试教育和道德教育的统一，以培养出德业与举业并重的人才。

此外，岳麓书院以"道"为核心的人文精神，还体现在岳麓书院的选址与环境上。它背依岳麓山，前俯湘江，后托清风峡，天马凤凰山分峙两边，俨若天然门户，对此美景，张栻颇为欣慰地说："爱其山川之胜，栋宇之安，徘徊不忍去，以为会友讲习，诚莫此地之宜也。"①

① 张栻. 南轩集［M］. 北京：商务印书馆，1936：266.

除了注重选址，岳麓书院还十分注重内部文化环境的创设。岳麓书院建筑的总体布局遵循儒家纲常伦理，讲究礼乐相成，内部人文环境的布置也处处散发出隐性德育的幽香，如书院核心——讲堂的左右墙壁上均嵌有石碑，上面分别刻着朱熹亲笔书写的"忠、孝、廉、节"，以及清代山长欧阳正焕所题的"整、齐、严、肃"，这八个大字凝练了岳麓书院的道德教育传统，也是岳麓书院院风的体现。讲堂的这些布置使得书院生徒们时刻处身于一种浓厚的儒家伦理道德氛围之中，同时也时刻警醒着书院生徒们对儒家伦理道德的体悟和追求。

岳麓书院的人文精神同样体现在书院的祭祀上。书院不仅建立文庙以祭祀孔子、先师、先贤等，同时还建立了濂溪祠、四箴亭、崇道祠、六君子堂等来祭祀本院学派的代表人物以及与本院息息相关的先儒与名师。祭祀的目的既在于彰显学派和学风，同时也为书院生徒树立榜样，并通过这种潜移默化的形式在书院生徒的精神上进行道德与学术的洗礼。

岳麓书院将"明道传道"尊为其人文精神的核心，并以这种精神为核心开展书院的各项工作，贯彻到各个层面，因此书院教育也呈现出以此为核心的人文特质。岳麓书院重视生徒的道德教育，强调"修身、齐家、治国、平天下"的能力，因此培养出许多国家栋梁、名人雅士。历史的洪流中不断涌现出岳麓书院学子的身影，学术的流变中闪烁着岳麓书院学子思想的火花，这些都是岳麓书院"明道传道"人文精神的体现。

二、以"独立创新"为核心的学术精神

岳麓书院在人文精神上讲究"明道传道"，在学术精神上注重"独立创新"，这两者辩证且和谐地构成了岳麓书院的独特精神。大师云集，学术自由，师生在此间相互质疑问难、思想碰撞，形成了别树一帜的学术精神，也对中国古代学术的发展有着不可磨灭的功绩。

（一）"知识追求"的学术精神

道德信仰必须以知识追求为基础，这是儒家传统文化的重要特点之一。因此，宋代以后，书院成了新儒学家讨论高深学问的常用之所。众所周知，

大学与中学小学之区别在于它是追求与研究高深学问的地方。何谓高深学问？在古代，高深学问主要体现在探讨人何以存在、社会何以和谐、天下如何治理等问题的经、史、子、集里。北宋中后期，新儒学家们由于无法在官学等机构进行研究与学术传播。而书院作为古代高等学府的又一典型代表，其相对独立性吸引了新儒学家们的注意。于是古代书院便成了新儒学发展的依托，而新儒学则使书院找到了更大的发展空间。岳麓书院即是在这样的背景之下发展与壮大的，尤其是宋代的程朱新儒学，这一学派以岳麓书院为研究传播基地，两者相辅相成、发扬光大。

岳麓书院注重"知识追求"的学术精神也体现在诸多方面。书院各个门厅所悬挂的楹联，多与"知识追求"有关，意在于生徒日常生活、出入仰止之间提醒其对知识的追求与渴望，如清代左辅题于赫曦台上的楹联"合安利勉而为学，通天地人之谓才"，就在于勉励学子，不管求学是出于何种目的，都应该努力学习而成为通天地才的人才。岳麓书院二门过厅由清代山长罗典所撰的楹联"地接衡湘，大泽深山龙虎气；学宗邹鲁，礼门义路圣贤心"，其中的"邹""鲁"是孟子、孔子的出生地，指文教兴盛之地，意在希望岳麓书院生徒能承儒家文化之学，成圣贤之心。教学斋上的楹联"业精于勤，漫贪嬉戏思鸿鹄；学以致用，莫把聪明付蠹虫"，意在劝诫生徒勤于学习，学有所用。岳麓书院学规也十分注重学生求学精神的培养，如康熙五十六年（1717），李文炤制定的岳麓书院八条学规中就有五条与"求学勤学"有关。在对经学、史学的追求上，岳麓书院山长王文清更是制定了《读经六法》与《读史六法》来为生徒的学术追求提供方法与借鉴。

（二）"独立创新"的学术精神

相对宽松的学术环境与独立自主的办学机制是学术自由的前提条件。如前所述，岳麓书院不同于官学，虽然在不同时期，岳麓书院屡受朝廷重视，但岳麓书院从来是独立于官学系统之外的，从未被纳入官学体系之中。鉴于此，相对于官学，岳麓书院不管是在教学方式、经费管理、人才培养目标还是山长的选聘方面，都拥有更大的自由，这是其学术独立创新的重要前提条件。同样，岳麓书院也在诸多方面不同于私学，如以学田为核心的经费支撑体系，建立了出租学田以维持书院日常运转等相对完善的经济管理体系，制定了相对完善的山长选聘、教学活动、图书收藏、自主出书、刊刻本院讲义等方面的制度。因此岳麓书院不仅有不亚于官学的经费保障，以及私学的办学灵活，还有两者都不曾有的相对宽松的学术环境和自由的办学空间。这使得书院生徒可以在相对自由与独立的环境下潜心学术创新，因此习得了重新阐释儒家经典的程朱新儒学，打破了汉唐经师的垄断地位。

学术创新不仅要有宽松的办学环境及独立自主的办学机制等前提条件，最关键的是还要有质疑、问难的创新意识与允许百家争鸣的会讲等创新制度等主观条件。岳麓书院一直十分强调"尽信书则不如无书"，如王文清制定的《读经六法》中就要求在"正义、通义、余义"之外还应该"疑义、异义、辨义"，这在讲究识记的古代教育中显得尤其难能可贵。"会讲"是岳麓书院的一大特色，与升堂讲学的一个人主讲，单方面传授知识不同，"会讲"是由两个或两个以上的学者进行聚会讲学，下面的学生在听讲的同时还可以"质疑问难"，达到双向交流或者多向交流的目的。乾道三年（1167），在岳麓书院举行的朱张会讲是历史上最著名的会讲之一，据侍行的范伯崇说："朱张就'中和'之辩'三日夜而不能合'。"学术的创新正是在这些激烈的辩论中逐渐萌芽。

第二章
岳麓书院德育的内容及其内涵

岳麓书院以"传道济民"为其办学宗旨，这一宗旨指明了办学的方向，为岳麓书院的千年发展打下了基础。但好的办学宗旨还需要充实详尽的内容来体现，这是关系到书院教学能否体现办学宗旨、符合人才培养目标的大事。

第一节　岳麓书院德育的内容

教书育人是书院生存与发展的根基。岳麓书院的教师虽然在学问和能力上各有千秋，但其主要教育目的是为国家、社会培养德才兼备的人才。德字当头，岳麓书院特别注重学生在道德品性上的发展，因此，以"仁"为核心的儒家经典就成了岳麓书院德育的主要内容，同时辅以历史典籍、诗词歌赋等内容来丰富学生的道德涵养。

一、儒家经典

儒家学说要解决的核心问题是如何养成人的封建伦理观念，完善人的内在道德品质，让人们学会如何处理生活中的各种伦理关系，遵守各类礼法制度，进而达到让整个社会处于一种和谐自然状态的目的。① 这与岳麓书

---

① 刘河燕. 宋代书院的课程内容及特点分析［J］. 甘肃社会科学：2014（04）：148－150.

院的德育目的是一致的，因此岳麓书院主要以四书五经等儒家经典为其德育内容。岳麓书院不仅对这些儒家经典著作进行了全面细致的教导，还特别提出了儒家学说的学习顺序。在学习四书之前，岳麓书院要求生徒先学习朱熹所著的《近思录》。它要求四书之中最先学习的是《大学》，希望生徒通过对《大学》的学习，明确为人处世、为学的规矩，然后通过论语的诵读"立其根本"，接着是学习孟子以"观其发展"，最后是《中庸》的学习，可见岳麓书院对传统儒家经典尤为重视。对儒家理念的尊崇是岳麓书院的精神核心，也是道德教育的基础。学子到岳麓书院求学，必须要熟读儒家的各种学说著作，通过对儒家精华的学习，为育人育德奠定坚实的基础。

为了让岳麓书院的精神发扬光大，为国家培养输送更多的贤能人才，岳麓书院通过不同的途径搜集大量的儒家典籍，通过儒家学说的教育，使学子们能够以良好的道德品行立于世。在书院昌盛的宋代，其所传授的德育内容必然与宋朝所倡导的价值观密切联系。为了维护朝廷的稳定牢固，通过儒家经典学说教育，使人才能够以贤良的品德为大宋的稳固发展作出积极的贡献。

宋代时期程朱理学盛行，书院最初也是为了推行理学家们的理念而建立的，岳麓书院不可避免地也要承担完善理学体系，传播理学道义的任务。理学家们的学说、著作，也就必然成为书院德育的重要内容。

除了对儒家经典典籍进行学习外，岳麓书院还邀请了著名理学家前来探讨儒家学说。乾道三年（1167），理学集大成者朱熹来访岳麓书院，与张栻探讨《中庸》之义，朱、张的弟子随之听讲。后朱熹知潭州时兴学岳麓书院，为书院颁布《白鹿洞书院教条》，将儒学思想融入培养学生的道德规范中。南宋后期重要的理学家真德秀在长沙任职期间登坛讲学，曾作《劝学文》，高度赞扬朱张之学，并以此勉励岳麓之士，培养义理之源，"宜先刻意于二先生之书，俟其浃洽贯通，然后博求周程以来诸所论著，次第熟复"①。明末吴道行"讲习于斯，其道以朱张为宗，与文"，之后来岳麓书

---

① 朱汉民，江堤．千年讲坛岳麓书院历代大师讲学录［M］．长沙：湖南大学出版社，2003：78.

院讲学的著名理学家还有魏了翁、吴澄、季本、陈傅良、高世泰等。山长们于青山绿水之间以儒家经典为本，大谈孔孟之道、程朱理学，还有大量著名学者、理学大师来岳麓书院讲学传道，都给岳麓书院学生留下大量可参考学习的思想学说。据《事略》记载魏源"十五岁补县学弟子员，始究心阳明心学，好读史"①，到岳麓书院即潜心研究宋儒程朱之学，这反映出当时岳麓书院教学的主体内容是儒家经典。②

　　理学是儒学的发展，古典儒学通过理学而得以复兴。将理学作为书院德育的内容，不仅是对传统儒学的继承与发扬，也能够帮助书院学子更好地明白为人的原则。因此岳麓书院弟子在接受儒家经典学说教育后，还要进一步学习、传承理学的思想要义，通过古典儒学与理学新作的学习，形成明辨是非、谨言慎行等品质。从相关的史料记载来看，岳麓书院的德育内容以孔孟学说和朱熹理学为基础，这些内容是岳麓书院学子学习、成才的重要参考资料，通过古典儒学与理学的思想道德学习、熏陶，岳麓书院的学生弟子对于仁义道德有了更加明确的概念。

　　宋代书院的大师们都把书院作为传承与发展儒学的基地，因此宋代书院所选择的定本是儒家经典。事实上，书院的学习主要是对儒学所蕴含的人文精神进行阐发。③ 宋代岳麓书院山长张栻认为对学生传授知识并不看重"言语文辞之工"，而关键在于传授儒学的伦理道德思想，并一针见血地指出了当时教育的弊症。在《南轩集》中就有相关的记载："今日大患，是不悦儒学，争弛乎功利之末，而以先王严恭寅畏、事天保民之心为迂阔迟钝之说。向来对时亦尝论及此，上聪明，所恨无人朝夕讲道至理，以开广圣心，此实今日兴衰之本也。"④ 他强调生徒学习儒家经典知识，尤其应重视对《大学》和《孟子》的学习。

　　岳麓书院研治经史较有成就的，首推山长王文清。王文清（1688—

---

　　① 魏著. 邵阳魏府君事略［M］//中华书局编辑部. 魏源集：下册. 北京：中华书局，2018：847.

　　② 刘芳. 从《岳麓书院学规》看书院的课程设置［D］. 长沙：湖南师范大学，2016：55.

　　③ 刘河燕. 宋代书院的课程内容及特点分析［J］. 甘肃社会科学，2014（4）：148－150.

　　④ 张栻. 张栻集：下［M］. 长沙：岳麓书社，2017：694.

1779）字廷鉴，号九溪，宁乡人。雍正二年（1724）中进士，乾隆元年（1736）举博学鸿词科，后被召纂修三礼、律吕正义和校勘经史。晚年告养回湖南，聘主岳麓，历任山长九年，他治汉学颇有成就，撰写了大量诂经考史的学术著作，有《周礼会要》六卷，《仪礼分节句读》四卷，《考古略》八卷（又补六卷），《考古原始》六卷，《读古纪略》六卷，《锄经文略》八卷，《锄经余草》十六卷，《锄经续草》四卷，《宋儒理学考》一卷等。还有一批卷帙浩繁、不曾付梓的著作，其中有：《考古源流》六百二十八卷，《典制大文考》一百六十卷，《周易中肯》八卷，《史事》四卷，《三礼图并图说》八卷，《乐制考》十卷，《祭礼解》十卷等，共有二十八部。王文清虽然卷帙浩瀚，但因屡经兵燹，现在留下的已经不多了，致使其"遗书不行于士林，后学寡知其姓名"。但《学案小识》还记载有他的传记和著述情况，湖南巡抚陈宏谋曾勒碑称其所居为"经学之乡"。李肖聃在《湘学略》中评价曰："主岳麓书院十余年，多所成就。著《周礼会要》六卷，约括注疏诸说，疏通字义。又著《仪礼分节句读》，以句读为主，略有笺注，不欲其繁，皆便读者。"王文清研治汉学方面所取得的成就，在岳麓书院有较大的历史影响。王文清主院期间，很注重对学生的经史教育，在《锄经余草序》中，有人称他"晚年主讲岳麓书院，以群经教授诸子"。乾隆十三年（1748），他制定的《岳麓书院学规》规定："日讲经书三起，日看《纲目》数页，通晓时务物理，参读古文诗赋。"在八股盛行、时文成为学校传授中心内容的当时，王文清却把研习经史、通晓时务物理作为学规而规定下来。乾隆二十九年（1764），他又制定了《岳麓书院学箴九首》，提出："日月不灭，万古六经。囊括万有，韬孕经纶。史书廿二，《纲目》星陈。如何不学，长夜迷津。"可见他重经史，不仅重视诂经考史，还要求通晓礼乐兵农等致用之学。他还总结了自己研究经史的经验，写成《读经六法》《读史六法》用以指导学生学习。王文清言："六经是无底之海，奇文妙理，日索日出，万变不穷。学者当以此为水源木本，不可畏难。"① 作

---

① 周在炽．玉谭书院志·卷三［M］．清乾隆三十二年定性堂刊本．

为一个儒生应该具备的道德品质和政治素养，需要儒家思想学说的熏陶和潜移默化。① 王文清的学生曾这样评价他："晚年主讲岳麓书院，以群经教授诸子。"② 可见王文清任岳麓书院山长期间，非常注重儒家经典的传授。据《清史·儒林传》称："文清淹贯经籍，尤深于《礼》。在三礼馆时，为桐城方苞所推邑。著《周礼会要》六卷，约括注疏诸说，疏通字义。又著《仪礼分节句读》，以句读为主，略有笺注，不欲其繁，皆便读者。"在主讲岳麓书院期间，他独治朴学，撰写了大量其经学研究成果的学术著作，并以此为教材训迪生徒和培养人才。③ 他钻研经史的务实学风及其严谨的治学态度，对继承和发扬岳麓书院的优良学风和培养有识之士起到了积极作用。

继王文清之后任岳麓书院山长的旷敏本，也是一位经学家。旷敏本，字鲁之，衡山人，乾隆元年（1736）中进士，改庶吉士，因有病，未授职而回湖南，从事学术研究和教学活动。湖南几所有名的书院，如岳麓、城南、石鼓、昭潭、雯峰、集贤等处他都曾主讲。据《长沙岳麓书院续志·山长列传》云："归掌教书院，以经学造士，著述等身，于《易》《书》尤粹。"可见他是一个重视传授经学的经学家，曾有《峋嵝易述》《周易旁训》《春秋旁训》。④

"训诲不倦、实有成效"的清代山长罗典，备受朝廷嘉奖，也是一位学识渊博的经学大师。他主讲岳麓书院期间曾一边讲学传经一边著书立说，将教学与学术紧密结合。他的学术著作较多，有《读诗管见》《春秋管见》《读易管见》《今文尚书管见》等。严如熤在评价其师时提到，罗典先生虽然因高超的时文制艺技巧而闻名远近，但他的学术研究主要专注于经书之上，"其治经也，以古人简质文字，无间剩。即经诂经，字批而句疏之，既皆有确切注脚，则通之一章，又通之全篇"。虽然罗典很重视训练学生写时文参考科举，也因此而名声大噪，但他并非将学生的学业完全等同于科举

---

① 刘芳. 从《岳麓书院学规》看书院的课程设置［D］. 长沙：湖南师范大学，2016：14.
② 王文清. 王文清集［M］. 长沙：岳麓书社，2013.
③ 刘芳. 从《岳麓书院学规》看书院的课程设置［D］. 长沙：湖南师范大学，2016：57.
④ 陈吉良. 清代湖南书院课程研究［D］. 长沙：湖南大学，2009：32.

考试，而是非常注重给予学生有真正学术价值的知识。

旷敏本也是岳麓书院历史上有所作为的山长，他以经学为中介培育人才，编写的著作有《峿嵝易述》《周易旁训》《春秋旁训》。王先谦是清末有名的经学家，继阮元编《皇清经解》之后，汇总刻写了《续皇清经解》一千四百三十卷，著《尚书孔传参正》三十六卷、《诗三家义集疏》二十八卷等。

康熙五十六年（1717），李文炤掌教岳麓书院，他学识渊博，是岳麓书院最有声望的山长之一。他的一生著书立说，恒于治学，在《易》《礼》《诗》《乐》《春秋》及宋五子书等领域均有涉猎。他在朱子《白鹿洞书院教条》之上，修订了《岳麓书院学规》，其中提到书院学生学习的课程：

> 《四书》为六经之精华，乃读书之本务。宜将朱子《集注》逐字玩味，然后参之以《或问》，证之以《语类》，有甚不能通者，乃看各家之讲书可也。次则性理为宗，其《太极》《通书》《西铭》已有成说矣。至于《正蒙》，尤多奥僻，尝不揣愚陋，为之集解，然未敢示人也，诸君倘有疑处，即与之以相商焉。其程朱语录、文集，自为诵习可也。
>
> 圣门立教，务在身通六籍，所传六经是也。今之举业，各有专经，固难兼习，然亦当博洽而旁通之，不可画地自限。乃若于六经之内，摘其堂皇冠冕之语，汰其规切忌讳之句，自矜通儒，皆蒙师世俗之见，不可仍也。试观《御纂周易折衷》，何字何句不细心玩索？以天纵圣学，而且如此，况吾辈乎？至于《周礼》，虽不列于学宫，然实周公致太平之成法，亦尝集先儒之说为传，有相质证者，不敢隐焉。

从某个角度来看，无论是岳麓书院还是其他的书院，其基本的教学理念都是先让学生建立一套完整的，符合社会发展要求的道德价值体系，通过先贤典籍的学习，使学生知道建立何种道德标准。正如陆九渊所提出的"学者所以为学，学为人而已"，通过典籍诵读树立先贤圣儒的形象，然后引导学生在学习中对先贤圣人树立尊崇，建立自我道德品质约束标准，以典籍学习的形式建立学子与圣贤沟通的渠道，缩短书院弟子与先贤的距离，进而成为社会的有用之才，这也就是李元阳所说的"书院者为诵法孔孟之言，学孔孟之道而设也"①。

在典籍著作的学习过程中，书院生徒既熟悉了先祖的思想及规制，也明白了周孔程朱等所倡导、训诫的道德理念。书院生徒通过对先儒经典的诵读学习，从思想上、感情上建立对"圣德"的尊崇与敬仰；通过对先儒典籍的学习，将孔孟圣贤的思想作为对自身道德礼仪的追求。可见，书院通过先贤典籍的学习，将思想道德情操较高的先贤作为学子的榜样，引导生徒们树立高雅的品德素质。正如周敦颐所说的"圣希天，贤希圣，士希贤"，岳麓书院以圣贤典籍为基础，为道德教育体系的建立奠定了深厚的基础。岳麓书院以学习圣贤典籍的形式培养学生良好的思想品德，对于学生长远的发展具有不可忽视的意义。

二、历史典籍

岳麓书院虽然以儒家经典作为其德育的主要内容，但是"夫以铜为镜，可以正衣冠，以史为镜，可以知兴替，以人为镜，可以明得失"②，博古才能通今，历史典籍与儒家经典有着千丝万缕的联系。只有通过历史典籍让学生明辨历史，才能从历史的人物、事件及精神品质中学习对社会发展的认知。学习历史，才能让书院生徒辨识是非，进而树立正确的思想道德价值观念。

如康熙年间，岳麓书院山长李文炤在《白鹿洞书院》的基础上制定了《岳麓书院学规》，其中就有："学者欲通世务，必须看史。然史书汗牛充栋，不可遍观，但以纲目为断。"③ 乾隆年间，岳麓书院山长王文清所定的《岳麓书院学规》中也说"日看《纲目》数页"。这两处所说的《纲目》，

---

① 陆九渊. 陆九渊集［M］. 上海：中华书局，1980：23.

② 刘昫. 旧唐书［M］. 北京：中华书局，1975：110.

③ 李文炤. 恒斋文集［M］. 四为堂藏版本.

即为南宋学者朱熹及其弟子赵师渊所编撰的《资治通鉴纲目》。这本书是根据司马光的《资治通鉴》《举要历》以及胡安国的《资治通鉴举要补遗》删繁就简，编撰而成。而这本《资治通鉴纲目》，就成了岳麓书院生徒学习历史典籍的重要书目。

研究历史典籍，目的在于吸取历史经验，总结教训，将这些经验教训用来造福当代百姓，传道济民。因此，对于研究历史典籍的学习方法，岳麓书院也有着自己的方法，如清代岳麓书院的山长王文清，特提出读史六法："记事实、玩书法、原治乱、考时势、论心术、取议论"①，以期岳麓书院生徒不只将历史典籍熟背，而能够真正地读通、读懂、读透，成为通今鉴今之镜。

王文清任岳麓书院山长期间，非常注重历史的传授。他在其制定的《岳麓书院学箴九首》中，阐明了学习历史典籍的必要性和重要性："史书廿二，纲目星陈，如何不学，长夜迷津。"②

继王文清之后任岳麓书院山长的旷敏本精心研究史学，根据《史学提要》推而广之，编著了远自皇古为始、近迄明崇祯为止的史学巨著《岣嵝鉴撮》。旷敏本和那些远离现实，一味皓首穷经的儒生不同，他关注现实，注重经世致用。他认为研究历史只是为现实的经邦经世提供借鉴，即所谓"古者今之鉴也，前者后之鉴也"，因而他名其历史著作为"鉴撮"。和王文清一样，他的学术精神对岳麓书院的务实学风有积极影响。③

三、诗词歌赋

通过诗歌来教化生徒，是自古以来常用的一种方法。诗歌天生的美感与韵律，有助于陶冶生徒的性情，促进生徒的道德情感内化。诗歌的主题丰富且多样，如怀古诗多歌颂伟大的人物与事迹；咏物诗多托物言志，运用比喻、拟人等手法由物到人，歌颂伟大的精神品格；山水田园诗多描写

---

① 丁善庆. 续修岳麓书院志 [M]. 同治六年刊本.

② 朱汉民. 岳麓书院 [M]. 长沙：湖南大学出版社，2011：115 – 116.

③ 陈吉良. 清代湖南书院课程研究 [D]. 长沙：湖南大学，2009：31.

自然风光，诗境隽永优雅，语言清丽洗练，能起到陶情养性之效。因此除了传承千年的先贤典籍，岳麓书院的弟子还要研习《诗经》《楚辞》等经典的诗词歌赋，还有名人大家、学者、书院山长等所作的辞赋、游记等。通过各种文体的学习，既让岳麓书院的生徒通晓文学知识，也能够让生徒具有高尚的道德情操。

岳麓书院的诗歌主要分为两大类：第一类主要描绘岳麓书院及岳麓山之优美秀丽，以美育人，以美动人，以美育促美德；第二类主要教导岳麓生徒如何读书，以读书之乐、读书之勤、读书之法、读书之用等劝诫岳麓生徒读书光阴之宝贵。

（一）写景抒情诗

古代诗人喜好名山名水，每个诗人以自己的视角对岳麓山景观进行了解读，而这些解读的成果，以诗词文赋的形式呈现在人们面前，也给岳麓书院的道德教育提供了丰富的素材。无论春夏秋冬、风霜雨雪，岳麓山都有一种生动独特的美，而许多诗人也通过对岳麓山的描绘表达了自身的理想及丰富的情感，如宋代岳麓书院山长张栻，闲暇之余常到清风峡休憩，因此作诗《清风峡》："扶疏古木蠹危梯，开始至今几摄提。还有石桥容客坐，仰看兰若与云齐。风生阴壑方鸣籁，日烈尘寰正望霓。从此上山君努力，瘦藤今日得同携。"①《清风峡》这首诗不仅描绘了岳麓山的自然与人文风光，同时表达了诗人对自己、门生提出了努力钻研学业，积极进取的激励。可见，这些诗词歌赋中将自然与人文景观紧密结合，形成了别具一格的岳麓诗歌体系。

在岳麓书院的德育内容中，不仅有关于岳麓山的诗歌，与岳麓书院相关的诗文也非常丰富。文人墨客到访岳麓山，往往会到岳麓书院留下墨迹，如宋代学者朱熹和张栻曾作诗《山斋》，还有明代诗人的《圣庙》，清代彭坊的《大成殿》，明代学者吴愉的《尊经阁》等，都对岳麓书院进行了全面、细致的描写。

---

① 欧阳厚均. 岳麓诗文钞［M］. 长沙：湖南人民出版社，2009：12.

南宋哲学家朱熹坚持理学教育达半个多世纪，他主张"天下未有无理之气，亦未有无气之理"，提出"为学之道，莫先于穷理；穷理之事，必在于读书"。朱熹两次讲学岳麓书院，第一次即为著名的"朱张会讲"。乾道三年（1167），朱熹长途跋涉，从福建来到湖南长沙到岳麓书院与张栻论学。这次论学吸引了数千人前来听讲。朱熹不仅与张栻就理学问题进行深入的交流、探讨，也用诗歌唱和的形式表达了自己的主张以及与对方的情谊，如《与张南轩登赫曦台联句》："泛舟长沙渚，振衣湘山岑。烟云渺变化，宇宙穷高深。怀古壮士志，忧时君子心。寄言尘中客，莽苍谁能寻。"①这首诗韵律优美，语言简洁生动，寓意高远，让人产生丰富久远的意象联想。

朱熹第二次来岳麓书院讲学是在绍熙五年（1194），当时朱熹到潭州（今日湖南省长沙市所在地）任职，来到岳麓书院讲学并对岳麓书院的学风进行了整顿。此次来访岳麓书院，朱熹将《白鹿洞书院教条》颁于岳麓书院，建立了以"朱张学"为核心的岳麓书院教学体系，并对明清的理学发展产生了深远的影响。明代的学者诗人们在游览岳麓书院时，总会遥想"朱张会讲"的盛况，作出赞颂或怀想的诗歌，如明代战乱期间，岳麓书院曾一度衰落，诗人余自柏在看到岳麓书院内的朱熹像时，内心百感交集，作诗《谒朱夫子》："荒藤罥壁景凄凉，闻是湖南旧讲堂。好鸟山中啼日暮，新花池畔傲严霜。谭经彻夜真同德，结绶惭予忝故乡。试拂山头一片石，时时应接祝融光。"②这首诗既表达了对朱熹的仰慕之情，也表达了自身与朱熹的差距。③

乾隆年间的罗典，在岳麓书院执教二十七年，出生于湖南湘潭的罗典，曾担任过岳麓书院的山长，他节衣缩食，勤俭克己，为岳麓书院的教育事业发展作出了积极的贡献。担任山长期间，他修葺书院，加强书院的园林建设，使书院的气象更新。当时的文人学士对此举赞赏有加，并将其中的

---

① 周旭书.岳麓书院诗词选［M］.长沙：湖南大学出版社，2001：12.
② 周旭书.岳麓书院诗词选［M］.长沙：湖南大学出版社，2001：40.
③ 欧阳海燕.岳麓诗歌研究［D］.长沙：湖南大学，2013：33.

八处景观命名为岳麓八景，即颇负盛名的柳塘烟晓、桃坞烘霞、桐荫别径、风荷晚香、曲涧鸣泉、碧沼观鱼、花墩坐月、竹林冬翠。后世的学者为这八处景观作诗有上百首，在繁荣岳麓诗歌的同时，也为岳麓书院的道德教育增添了丰富的内容，① 如罗典的学生周锷作诗《曲涧鸣泉》："碧玉山泉出峡清，流来曲涧韵琮琤。空斋夜听三更雨，绕户风腾万马声。香送落花春宛转，人方倚树月分明。如闻绿绮调冰柱，何事尘心更不平。"这首诗将音律与自然美景相互配合，形成了生动美妙的诗歌，让读者对曲涧鸣泉的自然美丽产生或悠远或浓厚的联想。

（二）读书言志诗

道光十年（1830）中秋节时，时任山长欧阳厚均带领岳麓书院部分生徒编辑的《岳麓诗文钞》问世。这部诗文集按年代汇编了唐宋年间至当时的官贤名士、学者大儒等为岳麓山及岳麓书院所题的诗歌、咏记、传记等。《岳麓诗文钞》分为诗、词、赋、文四个部分，其中诗歌分为 35 卷，有 961 首之多。

在这众多的诗歌之中，主题多样、内容丰富，但针对岳麓书院的诗词多为歌颂岳麓书院讲学论道、读书吟诵等主题，如鼓励生徒学习，歌颂学生之乐的《石濑》："流泉自清泻，触石短长鸣。穷年竹根底，和我读书声。"这首诗为宋代岳麓书院山长张栻所作，用流水潺潺、触石而鸣的场景描绘了令人向往的读书场景。又如劝勉岳麓书院生徒珍惜光阴、勤勉读书的《拟张茂先励志诗九首示及门诸子》之二："志士感时，如驹过隙。逝者悠悠，不舍旦夕。无宝元珠，无珍白璧。寸阴分阴，古人所惜。"这首诗为岳麓书院清代山长欧阳厚均所作，意在强调人生短暂、光阴如水，应珍惜当下年轻求学的日子，勤勉苦读。不仅强调读书时间之宝贵，欧阳厚均还作诗《拟张茂先励志诗九首示及门诸子》："日知其新，月守其故。毋求速成，毋求广骛。骐骥千里，积于跬步。我马弩骀，十驾可赴。"诗中强调读书之法，告诫生徒"不积跬步无以至千里"，读书要一步一个脚印，温故知

---

① 欧阳海燕. 岳麓诗歌研究［D］. 长沙：湖南大学，2013：35.

新，要以弄通弄懂为宜，不能只为求速度而囫囵吞枣。

诗词歌赋具有丰富的道德教化功能。将音韵优美，自然生动的诗词歌赋纳入到岳麓书院的德育内容体系中，不仅能够引导书院弟子以诗歌抒发情怀，还能够从诗歌的内容中"经夫妇、成孝敬、厚人伦、美教化、移风俗"。可见，岳麓书院对人才的培养，是从德智双面发展的。岳麓书院既重视学生的德行修养，也关注学生的才能发展，通过多种形式的教育，使弟子成为经世之才，为国家和社会创造更大的价值。以诗词歌赋的教学，增强学生的人文与道德素养，即使学生最后没有为官做宰，没有进入朝廷效力，也可以进入地方继续以诗书的教化力量来传承优秀文化，推进社会思想道德的发展。

第二节　岳麓书院德育内容的内涵

一、修身

修身养性是古代育人的重要内容，由于古代对于心性的认识不同，在道德教育中也从不同角度对心性进行了探索。从古人的代表观点来看，古人将同情心、是非心等作为心性的重要组成部分，在道德教育中以个人身心修养的教育中展现出来，如孟子在《孟心·尽心上》中指出："尽其心者，知其性也，知其性则知天矣……君子所性，仁义礼智根于心。"[①] 以恻隐、是非等作为心性的内容。荀子认为人性的改变源于人心的改变，他在《荀子·正名》中说道："性之好恶喜怒哀乐，谓之情。情然而心为之择，谓之虑；心虑而能为之动，谓之伪；虑积焉能习焉而后。"[②] 可见，古人认

---

① 孟子. 孟子 [M]. 哈尔滨：北方文艺出版社，2014：23.
② 荀子. 荀子 [M]. 兰州：敦煌文艺出版社，2015：19.

为心性与人的生存发展有着密切的联系，人要以宽和为本，避免暴戾的情绪，才能实现心平气和的修养。朱熹也提出："如今要下工夫，且须端庄存养，独观昭旷之原，不须枉费工夫，钻纸上语。待存养得此昭明洞达，自觉无许多窒碍，恁时方取文字来看，则自然有意味，道理自透彻，遇事自然迎刃而解，皆无许多病痛"。由此可见，朱熹从多种层面提出学子应修身养性，才能实现洞察明达，才能明白道理；通过身心的收敛，集中精神，实现对真知的求索。

虽然对于修身养性，不同学派的观点和主张不尽一致，但是对于身心修养与人的生存发展关系的理解是基本统一的。主张通过修身养性，形成宽容、平和的个性，并更好地实现思想与行为统一，去除私欲。

自省自察也是身心修养的重要手段，通过对自我的反省可以实现更高的人生境界。孔子有"见贤思齐，见不贤而内自省焉"。曾参有"吾日三省吾身"。自省是儒家道德修养的重要内容，朱熹理学中也有"省察"的要求，如朱熹曾说："谓省察于将发之际者，谓谨之于念虑之始萌也。谓省察于已发之后者，谓审之于言动已见之后也。念虑之萌，固不可以不谨；言行之著，亦安得而不察。"① 朱熹的意思是人在行为前及行为后，都应该自我反省，对自身的言语和行为深刻省察。

岳麓书院在道德教育中通过儒家学说及程朱理学制定了一套完整的关于自我省察的规定。通过具体的规约要求书院生徒进行自我修养。省察是道德修养的基本方法。生徒们提高道德修养、陶冶情操的同时，也需要增强个人的道德修养，使德、才、个性相互促进，形成更具高尚品格的人才。

岳麓书院生徒众多，在这样的集体教育中勉励规劝也是道德教育的重要内容，朱熹曾对勉励提出这样的看法："古者圣王设为学校，以教其民，由家及国，大小有序，使其民无不入乎其中，而受学焉，而其所以教之之具，则皆因其天赋之秉彝而为之，品节开导而劝勉之，使其明诸心，修诸身，行乎父子、兄弟、朋友之间，而推之以达乎君臣、上下、人民、事物

① 朱熹. 朱熹集［M］. 成都：四川出版社，1996：33.

之际，必无不尽其分焉……此先工学校之官所以为政事之本，道德之归，而不可以一日废焉者。"① 可见，在朱熹看来，书院作为集体教育的重要形式，不仅要根据学子们的天赋秉性进行品德的开导教育，也要通过劝勉、激励等方法，让学生更具集体精神。在朱熹理学的指导下，岳麓书院的弟子积极推行规劝互勉的学习方式，相互促进，以维护共同的理想理念。虽然朱熹死后，他的学徒解散了，但是受朱熹学说影响下的互助规勉却仍产生了积极的影响，规勉无论对于朱熹学说的延续，还是学子个人的修身养性，都具有重要的作用，如朱门学子陈文蔚在《双溪书院揭示》中倡导："日夕相聚，讲说愈多，闻见愈博；为诸友计，切须收敛身心务在端静，以放纵四支驰骛纷华为戒，则放心自然可收。施之读书为文，义理自明，工程自进。况又得师友之益，有讲论之助，相观而善，相资而成，由此以进，古人事业不难也。"② 由此可见，书院的学子经常相聚讲学，通过相互的劝勉互助，不仅能够拓宽学识视野，也能够通过相互的鼓励、帮助，互相促进，这对于传承和发展先贤的事业具有推进意义。

岳麓书院的生徒经常在山长、老师的带领下，寻幽访胜、游览山水中研讨典籍，切磋学问，通过相互的劝勉与鼓励，为后世留下了丰富宝贵的道德文章。岳麓书院的弟子不仅要刻苦诵读，还要积极参与实践，马克思主义者恩格斯曾指出："一切已往的道德论归根到底都是当时的社会经济状况的产物。"③ 限于当时的经济与社会水平，虽然岳麓书院生徒们实践的机会不多，但是对于思想道德的具体实践还是要求通过行动表现出来。客观来看，道德教育的方法、内容、原则等，也只有通过受教育者的切身行为体现，才算是真正的言行一致。

传统儒家思想向来注重身体力行，只有亲自去实践、探索，才有可能明白道理，成为圣贤之人。朱熹也提倡读书人要"知实行之可贵，而不专事于空言"，在朱熹看来，古代君子学习是为自身的探索实践，"某此间讲

① 朱熹. 朱熹集 [M]. 成都：四川出版社，1996：22.
② 朱熹. 朱子语类 [M]. 上海：中华书局，1994：159.
③ 韦建桦. 马克思恩格斯选集 [M]. 北京：人民出版社，1996：1001.

说时少，践履时多讲学固不可无，须是更去自己分上做工夫。若只管说，不过一二日，都说尽了，只是工夫难"。可见，古人对知行合一、躬行实践有着明确的要求，岳麓书院在传承儒家、理学中的亲躬践行的思想的基础上，通过不同学规、教学活动等，对弟子进行了躬身实践的具体规定。不仅对书院的弟子有着躬身践行的要求，对于书院的教师，也同样要身体力行。正如黄干评价朱熹："平日修身，其色庄、其言厉，其行舒而恭，其坐端而直。其闲居也，未明而起，深衣幅巾方履，拜于家庙以及先圣，退坐书室，几案必正，书籍器用必整。其饮食也，羹食行列有定位，匕箸举措有定所。倦而休也，瞑目端坐。休而起也，整步徐行，中夜而寝，既寝而寤，则拥衾而坐，或至达旦。威仪容止之则，自少至老，祁寒盛暑，造次颠沛，未尝有须臾之离也。"① 可见，岳麓书院中教师的言行也是道德教育的重要内容，如文天祥曾评价岳麓书院的山长欧阳守道："其持身也，如履冰，如奉盈，如处子之自洁；及其为人也，发于诚心，摧山岳，沮金石，虽谤与毁来而不悔其所为。天子以为贤，搢绅以为善类，海内以为名儒，而学者以为师。"② 这里的身体力行既是对教师的要求，也说明教师的言行一致，也是书院道德教育的重要组成部分。

孔孟儒家学说认为道德教育是施行仁政的基础。在程朱理学看来，道德修养是人生第一要事，读书位于其次。在圣贤眼中，学问与道德品行相比，是相对次要的，学问的目的也是在于道德品质的完善。正如王守仁所说："学校之中，惟以成德为事。"③ 可见，学生优良品德的培养是学校教育的第一要义，古代书院的德育内容蕴涵在文化教育中，也蕴含在不同形式的讲学、日常教学活动中，通过学习典籍、参与活动等，建立起以德育为中心的教学体系及内容，为培养修身明理、治国平天下的德才兼备之人创造良好的条件。

"立德之本，莫尚乎正心。心正而后身正，身正而后左右正，左右正而

---

① 朱熹. 朱子语类［M］. 上海：中华书局，1994：90.

② 杨布生. 岳麓书院山长考［M］. 上海：华东师范大学出版社，1986：59.

③ 王守仁. 王阳明全集［M］. 杭州：浙江古籍出版社，2010：11.

后朝廷正，朝廷正而后国家正，国家正而后天下正。"① 古代先贤认为个人的身心修养对于道德品质的培养具有重要作用，因而大力倡导通过个体的自我修养实现道德品质的提升。《大学》中提道："古之欲明明德于天下者，先治其国。欲治其国者，先齐其家。欲齐其家者，先修其身。欲修其身者，先正其心。"可见，治国齐家的基础是修身养性。岳麓书院也极为重视生徒的修身教育，认为只有具备良好的身心修养，才能承担齐家治国的重任，才能成为有用之才。

树立高远的志向是岳麓书院道德教育的重要内容。为培养志向高远、德才兼备的人才，岳麓书院的教师通过不同形式的讲学、激励来促进学子立志，如朱熹曾说："立志不定，如何读书。"可见，在教育家看来，确立明确高远的志向，是读书人的必备要素。张栻从人伦思想的角度，对学者立志进行了阐述："今之学者苟能立志尚友，讲论问辩，而于人伦之际审加察焉，敬守力行，勿舍勿夺，则良心可识，而天理自著。"章潢在《为学次第》中指出，"学以立志为根源，盖树必有根，其茂参云；水必有源，其流倒海。志乃人之根源。……此志一立，此心恒存，一日千里谁御之，一念万年谁夺之"。可见，古人对志向的重要性认识比较统一，立志对于树立高尚情操，成人成才都具有重要作用。只有具有远大志向，才会产生更加强劲的前进动力，学子们要给自己确立明确的志向，为学习发展树立目标。

古人认为，志向的高低与所取得的成就有着直接的联系。因此，学子们不仅要立志，还要立大志、立远志。与国家与民生结合起来的志向，才是高远伟大的志向，而将个人荣华富贵作为志向的，都是一己之私欲。因此，岳麓书院的教育者们反对一己之私的志向，认为"志者，心之所至也。凡人心之此之彼，志必先为之向道，而后心乃从之而往也"。"故学者之志，未有所向不端而可以有为也"。②

---

① 龚德隆. 中华教育经典：上 [M]. 北京：中国人民公安大学出版社，1998：237.
② 杨慎初. 岳麓书院史略 [M]. 长沙：岳麓书社，1986：21.

二、忠君

对封建君主的拥护是古代社会伦理道德的重要组成部分。岳麓书院的道德教育中既包含了对人民的仁爱思想教育，也有对君主效忠的忠君教育，忠君教育是维护封建君主制度的必要途径。作为培养朝廷官员的重要渠道，在道德教育中宣扬忠君思想，是为了使其礼贤下士，勤政廉洁。通过书院的忠君教育，可将抽象的道德要求转化为具体的标准。

对君主的忠信是古代为官的重要道德操守及行为准则。《史记·平津侯主父列传》中记载："秦不行是风而修其故俗，为智巧权利者进，笃厚忠信者退，法严政峻；谀谄者众，日闻其美，意广心轶。"① 《汉书刑法志》中记载："名察之官，忠信之长，慈惠之师。"② 可见，以忠信为德，是为朝廷官员、为社会人才、为民族英雄的基本道德规范。

此外，廉洁教育也是岳麓书院道德教育的内容。由于书院是为朝廷为社会建设培养人才的重要基地，因此，倡导清廉，培养忠君爱民的清正官员，也是道德教育的目的。自古以来，勤劳俭朴就是中华民族的传统美德，古代教育家们也极为重视学徒们勤俭品质的培养，在学习上，岳麓书院的学子们时常被勉励要勤奋刻苦，岳麓书院的学规中，也多次提到勤奋学习、俭朴生活的道德要求。如："服食宜从俭素；外事毫不可干；日讲经书三起；日看纲目数页；通晓时务物理；参读古文诗赋；读书必须过笔；会课按时毕完；夜读仍戒晏起；疑误定要力争。"我国古代教育提倡勤能补拙，提倡"业精于勤"的理念，在道德教育中，学徒要以不畏艰苦的精神，以勤勉的学习态度，坚持不懈地努力学习，这样的学习者不仅会得到教师的赏识，也会在学问、事业上有更大的收获。《国语》有"夫民劳则思，思则善心生，逸者淫，淫则忘善，忘善则恶心生，沃土之民不材，逸也，瘠土之民莫不向义，劳也"③。可见，勤劳与善良是人的品德的重要组成部分。

① 司马迁. 史记［M］. 长沙：岳麓书社，2011：289.
② 班固. 汉书［M］. 上海：中华书局，2007：1202.
③ 陈桐生. 国语［M］. 上海：中华书局，2013：107.

岳麓书院的教育家在倡导勤劳美德的同时，也提倡去奢崇俭。《论语·八佾》中有："礼，与其奢也，宁俭；丧，与其易也，宁戚。"① 古人将奢靡视作亡国败家的根源，因而极力崇尚节俭。岳麓书院的教师认为，节俭不仅是一种生活方式，更是培养道德品行的有效方式，司马光曾指出："夫俭则寡欲，君子寡欲，则不役于物，可以直道而行；小人寡欲，则能谨身节用，远罪丰家，故曰'俭，德之共也'，侈则多欲，君子多欲，则贪慕富贵，枉道速祸，小人多欲，则多求妄用，丧身败家。是以居官必贿，居乡必盗，故曰'侈恶之大也'。"② 在古人看来，奢靡是造成罪恶的渊源，而节俭是为人、持家、治国的重要途径。

三、孝悌

对孝悌的教育是我国民族的重要传统，《孝经》有"孝亲莫大于严父，严父莫大于配天"③。岳麓书院极为注重孝悌的教育。岳麓书院在道德教育中，将传统的孝悌思想融入其中，将天、先祖、圣人结合在一起，在引导弟子实行孝悌之行的同时，也推进了社会范围内孝道的发展。

儒家认为，孝悌是社会道德规范的根本，并将"孝"作为一种基本的道德准则，孝悌是人的社会行为的重要组成部分，封建社会的孝悌既是为了维护宗法等级秩序的途径，也是维护社会统治的重要工具。儒家学说中的孝悌，不仅是对父母孝，对兄弟友爱，更是对他人的仁慈、友爱。孝悌体现了家庭内部的人伦，岳麓书院对"孝"的教育尤为重视，认为孝是道德情操的根本，道德教育就是从孝的培育开始的。孔子曾教导"生事之以礼，孝之以礼，祭之以礼"④。这里，将孝敬、祭祀、礼仪等联系在一起，说明对祖先的崇拜，一方面是要祈祷先祖对子孙的保佑，护佑子孙繁荣昌盛。另一方面，对祖先的崇拜、对祖辈的孝敬，既是儒家思想与程朱理学

---

① 夏剑钦. 十三经今注今译：上册 [M]. 长沙：岳麓书社，1994：209.
② 司马光. 史记 [M]. 昆明：云南人民出版社，2013：210.
③ 夏剑钦. 十三经今注今译：上册 [M]. 长沙：岳麓书社，1994：100.
④ 夏剑钦. 十三经今注今译：上册 [M]. 长沙：岳麓书社，1994：121.

的要求，也是尊敬师长的规范。

岳麓书院对孝的教育主要体现在以下几个层面，一是对父母赡养、孝敬，为人子女者不仅要赡养父母，从物质上满足父母的需求，还要从内心及行为上尊敬父母。《礼记》中所要求的"孝子之有深爱者，必有和气，有和气者，必有愉色，有愉色者，必有婉容"①。二是要让父母放心、安心，为让父母不担心，首先要保护、照顾好自己，不施行危害自身的言行，不让自己的身体受到故意损伤，正如《孝经》里所提出的"身体发肤，受之父母，不敢毁伤，孝之始也"②。三是不能让父母牵挂，正所谓"父母在，不远游，游必有方"，只有在父母身边，才能随时照顾、关心父母，施行孝的言行。四是所习必有业，子女要有固定的职业，不能游手好闲，好吃懒做，应在自己职业中勤恳工作，以慰父母。五是对父母的建议、规劝应和颜悦色，当父母做错事时，应平心静气地讨论。六是在父母去世后，应以"父母俱殁，慎行其身，不遗父母恶名，可谓能终矣"。

与"孝"相对的是"慈"，这里的慈主要是指对子女的教育、养护。对待子女抚养且爱护。同时，对子女还要予以严格的教育，"爱而不教，使沦为不肖，非他人之败也，母败之也"，"养不教，父之过"，在教育过程中还要以身示范，用良好的品德情操教育子女。

封建大家庭中各个成员的人际关系对家庭的团结和睦具有不可忽视的作用，尤其是兄弟关系，对于家庭的安定具有直接影响。"悌"即是指为人弟者对兄长要尊重、恭敬，听从兄长的教诲，而兄长对弟当以"友"为德，即友爱、慈爱，宽容。封建社会的儒家思想是以"孝悌"为核心建立起稳固的封建家族秩序，并将家的治理延伸到国家的统治中。"君子之事亲孝，故忠可移于君；事兄悌，故顺可移于长；居家理，故治可移于官"，也就是将孝亲延伸为忠君，敬兄延伸为尊长，实现了忠孝合一、家国一体的社会管理模式。

---

① 夏剑钦. 十三经今注今译：上册［M］. 长沙：岳麓书社，1994：40.
② 夏剑钦. 十三经今注今译：上册［M］. 长沙：岳麓书社，1994：34.

　　岳麓书院将儒家思想作为道德教育的重要内容，将道德培养放在书院的首要位置。书院对人的培养，首先是培养人的道德情操，圣人的自省自察，修身养性等，都是书院对学子道德修养的基本要求。作为儒家道德思想的核心，对孝悌的遵循既是对自己道德修养的要求，也是对家庭、对国家负责的表现，孝悌既是一种道德的内在规范，也是封建社会人们生存发展必需的道德要求。《论语·颜渊》中有"樊迟问仁，子曰：'爱人。'""颜渊问仁，子曰：'克己复礼为仁。'"① 可见，在儒家思想中，以仁待人，给他人关心爱护，以仁律己，是遵守社会道德行为规范的重要方式。朱熹也曾提出"以博爱为仁，未有博爱之前，不成是无仁""爱亲仁民爱物，无非仁也"② 。这些理念充分体现了封建社会对"仁爱"的理解与重视。

　　张载在《正蒙·中正》中说："以爱己之心爱人，则尽仁。"岳麓书院的"仁爱"道德教育正是通过古代的仁爱阐述、仁爱方式实行的。《尔雅·释训》中有："善事父母为孝。"提出孝是对父母的赡养。《说文解字·老部》说："孝，善事父母者。"许慎说："孝，善事父母者。从老省、从子、子承老也。"进一步说明了孝是子女对父母、对老人的赡养、敬承。《孝经》道："夫孝，德之本也，教之所由生也。"③ 可见在封建社会中，孝就是对父母的尊敬与赡养。孝一直是我国古代社会尊崇的道德行为规范。儒家认为孝道是为人的基本道德要求，孝道是一切教育的基础，只有具备"孝"的道德，才能实行儒家之道。孟子说："事，孰为大？事亲为大""孝子之至，莫大乎尊亲；尊亲之至，莫大乎以天下养。"④ 岳麓书院的孝悌教育既存在于儒家典籍的教学中，存在于程朱理学的道德规范中，更存在于众多学者的忠孝思想理论中。这些思想理论蕴含着深厚的道德伦理精神，对书院生徒的思想行为产生了深远的影响。

---

① 夏剑钦. 十三经今注今译：上册［M］. 长沙：岳麓书社，1994：891.
② 朱熹. 朱熹集［M］. 成都：四川出版社，1996：290.
③ 夏剑钦. 十三经今注今译：上册［M］. 长沙：岳麓书社，1994：90.
④ 杨伯峻. 孟子译注［M］. 上海：中华书局，2008：917.

四、义节

崇尚义节，不仅是中国社会的传统美德，也是岳麓书院道德教育的重点内容。义节不仅是指朋友、兄弟间的情谊，更是指民族气节、民族正气。"义"是社会生活中人际关系正义、正当的道德品质，"节"是指为人处世的"气节""骨气"。社会生活中遵循义节的道德品质，表现为正义，勇于牺牲，坚决捍卫尊严与人格。义节是坚守真理与信念的重要保障，是比生命更重要的道德情操。缺少义节的人是没有灵魂的，没有义节的人也就失去了在社会生存的价值。

岳麓书院在日常的道德教育中十分重视对学子的义的熏陶，通过先贤典籍、故事的讲学，引发学生对义节的探讨。在有关义的教育上，将义放在首要位置。义有朋友之义，有为国尽忠之义，君子要先大义后小义，要舍小义而守大义。对大义、小义的评判标准也是德育的内容，通过道德教育，使生徒树立正确的价值观念，分清大义与小义的区别，做到"君子义以为质，得义则重，失义则轻，由义为荣，背义为辱"。在"守义"的基础上倡导学子"守节"，即保持高尚的道德情操，即使在艰难困苦、穷困潦倒中，也要勇敢面对，守志持节，实现人生的价值。

在岳麓书院的教育者看来，要在社会生活中保持自己的节操并非易事，要经受多种多样的考验，包括名利富贵的考验、贫穷寂寞的考验、外来威胁的考验等。为了让学子们建立义节的情操，岳麓书院的教育者通过古代圣贤的榜样作用，教育学子们应不畏贫贱，不惧艰险，要经得起贫穷与富贵的考验，以坚强的意志维护自身的节操。正是在这样的义节教育中，才培养了一批又一批具有高尚民族节操的文人志士，他们威武不能屈、贫贱不能移，为了国家民族的大义牺牲自己，真正用行动体现了节操的珍贵。对于一个民族而言，坚守节操更是意味着民族的存亡与未来，正如《荀子·子道》所说的"入孝出悌，人之小行也，上顺下笃，人之中行也，从道不从君，从义不从父，人之大行也"①。在岳麓书院中，教育家们正是通过这样

---

① 章诗同. 荀子简注 [M]. 上海：上海人民出版社，1974：214.

的义节教育，为民族的存续和发展奠定了深厚的基础。

五、诚信

诚信是儒家倡导的伦理道德的基本组成部分，也是岳麓书院道德教育的核心内容。言而有信不仅是人际交往的基本道德要求，也是社会生活的道德规范。诚信源于内心的诚实、信用。

《礼记·中庸》对诚的内涵提出了明确的解读："诚者，物之终始，不诚无物，是故君子诚之为贵。"① 可见，诚信是诚实、不虚伪，是发自内心的真诚、实在。只有兼具诚与信，才能立足于世。儒家将诚信看作是人生的重要追求。《论语·为政》中有"人而无信，不知其可也。大车无輗，小车无軏，其何以行之哉"。在圣人孔子看来，诚信是为人处世的根本，离开了诚信，就好比车子离开了横木一样无法前行。因而孔子将"言必信，行必果""敬事而信"作为弟子言行规范的要求。孟子、荀子等儒家圣贤也都认为诚信对于个人、对于民族发展都具有重要意义。孟子认为诚信是自然的规律，做人应将诚信的追求作为目标。荀子甚至将诚信作为区分"士人"与"小人"的依据。他认为，对诺言的遵守是君子所为，而轻易允诺却不执行，就是小人所为。他还指出："庸言必信之，庸行必慎之，畏法流俗，而不敢以其所独是，若是则可谓士矣。言无常信，行无常贞，惟利所在，无所不倾，若是则可谓小人矣。"② 可见，在荀子看来，诚信应是人的道德品质的重要内容，即使一般的行为、言行，也要遵守诚信的道德规范，只有小人才会言而无信，行为缺少规则，而道德品质较高的"士"，则会谨言慎行，诚实可信。

岳麓书院将诚信作为个体为人处世的准则及道德规范，在教育中倡导以"诚"立本，以"言而有信，行亦有信"的行为实现诚信的道德规范。正如二程所说的"学者不可以不诚，不诚无以为善，不诚无以为君子，修

① 夏剑钦. 十三经今注今译：上册 [M]. 长沙：岳麓书社，1994：56.
② 章诗同. 荀子简注 [M]. 上海：上海人民出版社，1974：287.

学不以诚，则学杂，为学不以诚，则事败；自谋不以诚，则是欺自心而自欺其忠；与人不以诚，则是丧其德而增人之怨"①。这就是在教导生徒，应以诚信为道德根本，不能舍弃诚信，放弃道德的约束。

作为"五伦"之一，诚信既是人际关系的道德规范，也是朋友相交应遵守的法则。岳麓书院倡导生徒"朋友之交，近则谤其言，远则不相讪；一人有善，其心好之；一人有恶，其心痛之。货则通而不计，共忧患而相救。生不属，死不托"②。这也就是说，在朋友交往中，只有以诚信为基础，才能建立相互信任、相互促进、患难与共的朋友关系。

---

① 陈谷嘉. 宋代理学伦理思想研究 ［M］. 长沙：湖南大学出版社，2004：197.

② 曾亦. 中国社会思想史读本 ［M］. 上海：上海人民出版社，2007：267.

第三章
岳麓书院德育的方法与途径

　　中国古代儒家思想注重道德教化，把培养学生高尚的道德品质作为教育的首要目标。但儒家思想多理念教育，而缺乏一套完整的德育实施系统。因此，针对儒家教育的这个不足，岳麓书院在继承和整合儒家思想的基础上，形成了一个全方位、有层次、有组织的德育体系，制定了一整套切实可行的德育方法。

第一节　讲会与会讲

　　随着岳麓书院的声名鹊起，各地学生纷纷慕名而来。学生人数的突然增多，给岳麓书院带来了很大的教学压力。为了对教学压力进行分流，岳麓书院采用三种教学方式，一种是日常讲学，该教学方式跟课堂教学基本类似；另外一种是讲会与会讲，这是岳麓书院的别出心裁之处，通过自由讲学来达到百花齐放的效果；第三种则是面对社会大众的社会宣讲，以期通过宣讲来提升社会世俗风气。

一、讲会

　　讲会与会讲都是岳麓书院教育模式的独特之处，它们两者的相同之处在于都是聚会讲学，不同之处在于，讲会是定期举行，而会讲一般是临时举行，时间较为机动。讲会设有会宗、会长等，聚会的日期、规约和开讲仪式较固定。明中叶以后，"联讲会，立书院，相望于远近"①。讲会遍布书院内外。明代讲会的组织形式相对严密，有较为严格的规定，如"诸友就座，司会者进书案，特于诸给绅下设虚位两席，以待讲友及载笔者，另设一案于堂中，以待质疑者。司赞传云板三声，命童子歌诗，歌毕，复传云板三声，请开讲。在座者静听，其有疑义、欲更端者，俱侯讲毕出位，共而立，互相印证，不得哗然拉举，亦不得接而私谈，犯者，司约传云板一声纠之。讲毕，命童子复歌诗，乃起"②。可以看出，在讲会中有专门的质疑问难的环节来保证探讨学术、疑义相析的良好氛围，但这个质疑问难的环节又必须遵守一套专门的程序，这样可以既不打断主讲者，又可让参加者各抒己见，把教学和学术探讨很好地结合了起来。讲会主讲人的多元化使书院的教学更为多元化，比如书院的主讲除了山长和教师外，可以是学生轮流讲学，还可以是院外学者，这有利于学子们扩大见闻、拓宽视野，也从一个侧面体现了书院兼收并蓄、开放包容的气度。参加讲会的人员一般为当地有名望的乡绅或地方官等，这对当地重视学术的风气也有一定的促进作用。

岳麓书院讲会，从历史上看是继承了春秋战国时期齐国"稷下学宫"的期会精神。在讲会期间，以理服人、不强辩、平等是期会精神的核心内容，也是其核心原则，而岳麓书院的讲会在新的历史条件下对这一期会精神的继承和发展，构成了岳麓书院讲会制度的精神实质。

二、会讲

会讲即聚会讲学。相对于讲会来说，会讲的时间相对比较随机，参与人数可多可少。会讲这个词起源于南宋时期，那个时期的书院特别盛行会

---

① 张廷玉.明史［M］.上海：中华书局，1974：53.
② 邓洪波.中国书院史资料［M］.杭州：浙江出版社，1998：91.

讲。朱熹认为是"会友讲学"，张栻则认为即"会见讲论"。他们的意思差不多，即是持不同学术观点的论敌或学友聚会，以"问难扬榷，有奇共赏，有疑共析"①，达到推动理学的探索和传播的目的。"会讲"不但是南宋出现的一种学术活动形式，亦是书院独具的一种教学形式。随着书院的发展、完善，会讲很快成为书院所特有的一种学术活动和教育活动形式，在学术史上、教育史上均产生过重要的影响。② 会讲的一个鲜明的特色就是来自各门各派的学者可以集中到一起自由交流。跟传统的升堂讲学不同，传统的升堂讲学是一个讲师在台上主讲，学生在台下听讲，是单方面的知识传输；而会讲的实质是多学派之间的交流，它能够把教学活动和学术活动融合在一起，起到事半功倍的效果，这也是书院跟普通学校的本质特点。虽然会讲是一种学术交流活动，但在古代书院，尤其是岳麓书院，会讲多以伦理道德为主题进行讨论，中心议题也多是与明道传道、修身正心等密切相关的思想理论。因此岳麓书院的会讲其实也多是关于德育的学术研讨会。

南宋时期，特别是理学大盛的乾道、淳熙年间，出现了一些著名的会讲。除了乾道三年（1167）朱熹、张栻的岳麓之会外，淳熙二年（1175），朱熹、陆九渊、吕祖谦等人在江西信州鹅湖寺举行过一次著名的会讲，史称"鹅湖之会"，持不同见解的理学家们就"为学之方"等问题展开激烈辩论，最后不欢而散。淳熙八年（1181），陆九渊到朱熹主持的白鹿洞书院讲"义利之辨"，也是一次著名的会讲。在这些著名的会讲中，以朱熹、张栻的"岳麓之会"为最早。会讲活动之所以于南宋时期大量出现，是当时学术思想发展的内在要求，也是书院与理学一体化的必然结果。

理学是一种具有思辨性的儒学，它注重论证儒家伦理的终极本原以及达到这个道德境界的途径、方法。比起先秦的原始儒学而言，它更具理论色彩。北宋理学家开始着手建立这种理论化、思辨性的儒学，但他们似乎不太注意彼此间所进行的理学创造有什么不同，而更注意自己和先代的学

---

① 朱汉民，邓洪波. 岳麓书院史［M］. 长沙：湖南大学出版社，2017：125.
② 朱汉民，邓洪波. 岳麓书院史［M］. 长沙：湖南大学出版社，2017：126.

术思想的差异，如关学和洛学的宇宙本体论差别极大，前者是气本论，后者是理本论，但是张载、二程及其弟子这两大学派之间很少展开攻讦和辩难，他们批判佛老之学、汉唐儒学，但很少展开理学阵营内部的批判和辩难，因而他们之间的学术性聚会很少。到了南宋，理学发展到综合集大成阶段，理学家们开始对理学的范畴、命题、思想进行辨析，开始注意彼此在论证伦理道德的本原以及达到这个道德境界的方法上的差异。因而，他们都感到有"会见讲论"或"会友讲学"的需要。于是到了理学大盛的南宋乾道、淳熙年间，不断兴起一些学术史上的著名会讲。可见，"会讲"的出现，是学术史发展的内在要求。

"会讲"大量出现于书院，并发展为书院的一种独具特色的教育制度，是书院成为学术基地的必然结果。自南宋初开始，理学和书院密切结合起来。这种学术讨论式的"会讲"就必然会被引进书院，成为书院一种学术活动和教学活动。南宋的著名会讲中，除"鹅湖之会"没发生在书院外，其他一些重要会讲均在书院内展开，这就是明证。在"南宋四大书院"中，岳麓书院最早成为闻名全国的理学基地，故而会讲最早出现在岳麓书院，应该说是一件势所必然的事。

"会讲"的出现形成于书院，对书院的蓬勃发展起了重要推动作用。其一，它对于书院组织在成为学术基地，实现学术功能等方面起到了十分重要的推动作用。书院成为南宋理学的学术基地，不仅因为它是某一理学大师传播思想的阵地，更重要的是，它往往成为不同学派学术大师相互切磋学问，进行学术讨论的阵地。这种学术讨论大大活跃了书院的学术氛围，丰富了书院的学术功能。其二，它对于书院的教学活动的发展，教学形式的多样化亦有重要的推动作用。南宋书院的教学往往以理学学术为主要内容，并且在教学形式方面具有多样化的特点。会讲在书院展开后，不同学派的学术讨论，有利于不断更新书院的教学内容。会讲展开时，学术大师往往各携其弟子前来，这亦是理学家们进行多样化的讲学方式之一。

在岳麓书院的诸次会讲中，朱张会讲最负盛名，多为人们所津津乐道，口口相传。南宋乾道三年（1167），朱熹决定前往湖南，和主教岳麓的张栻

"会见讲论"，切磋学术。当时，"湖南之行，劝止者多，然其说不一"，或许劝阻理由还包括一些学术上的宗派偏见。但朱熹意志很坚定，决意往行。是年八月，遂从福建崇安启行，由学生范伯崇、林择之随行，九月初八日抵达长沙，受到张栻的热情接待。他写信告诉曹晋叔："此（九）月八日抵长沙，今半月矣。荷敬夫爱予甚笃，相与讲明其所未闻，日有学问之益，至幸至幸！"

朱熹在长沙待了两个多月时间，他们就双方关切的学术问题展开了讨论，场面十分热烈。据侍行的学生范伯崇所说："二先生论《中庸》之义，三日夜而不能合。"但他们在讨论中并不意气用事，学术上的论敌关系并没有损害他们的友谊。他们认真、坦率地进行学术交流，为南宋书院会讲树立了一个良好的典范。朱熹还在张栻主持的岳麓、城南两书院讲学，史志记载："乾道丁亥，（朱熹）如长沙访张南轩，讲学城南、岳麓，每语学者观《孟子》道性善及求放心两章，务收敛凝定，以至克己救仁之功。"① 当时因朱熹来此讲学，湖湘弟子远道来听课者甚多，盛况空前。据说当时岳麓书院门前车水马龙，"学徒千余，舆马之众至饮池水立竭，一时有潇湘洙泗之目焉"。此虽属后人的夸张之说，但朱熹讲学影响很大当为事实，所以后人曾称道："考楚志，长沙旧有岳麓书院，为宋张南轩、朱晦庵两大儒讲学地，于时远近向慕，弦诵之盛，出于邹鲁。宋朱文公、张宣公讲学岳麓、城南，号称湖湘邹鲁。而吾平江九君子从获朱子游，此楚南书院之极盛也。"② 与此同时，朱熹和张栻互相唱和联咏。张栻修城南书院后，辟"十景"，它们为丽泽堂、书楼、蒙轩、月榭、卷亭、南阜、琼谷、纳湖、听雨（舫）、群芳竞秀等。朱熹在此讲学时，为城南书院"十景"题诗，和张栻相互酬唱。他们还以联句的方式，表达共同的情感和愿望。如一次在岳麓山上的赫曦台旁，他们咏道：

---

① 陶用舒. 古代湖南人才研究［M］. 长沙：岳麓书院，2015：215.
② 朱汉民，邓洪波. 岳麓书院史［M］. 长沙：湖南教育出版社，2013：122.

（朱熹）泛舟长沙渚，振衣湘山岑。

（张栻）烟云渺变化，宇宙穷高深。

怀古壮士志，忧时君子心。

（朱熹）寄言尘中客，莽苍谁能寻！

诗歌透露了他们会讲时共同的心情和愿望：对天地宇宙的哲学思考，对历史现实的忧患困扰。正是这种思考和忧患，使得他们在岳麓山下、湘江之畔，对理学那些抽象而又现实的范畴、命题、思想展开激烈的争辩。

经过两个多月的学术讨论和讲学，朱熹欲回福建，张栻又邀朱熹同游南岳，朱熹欣然应允。十一月六日，张栻、朱熹、林用中一行从长沙渡湘水往南岳。在南岳讲学读书的胡宏弟子彪居正、胡广仲、胡伯逢等皆来相会，并交流学术。朱张游南岳之时，正值寒冬季节，大雪纷飞，但二人游兴不减。朱熹曾发誓不复作诗，但南岳的绮丽风光，激起了他勃发的诗情，他"与择之陪敬夫为南山之游，穷幽选胜，相与咏而赋之，四五日间，得凡百四十余首"。后来由张栻编次作序，名之为《南岳唱酬集》。① 十一月二十四日，朱熹和张栻于州（今衡阳）挥手作别。朱子东归回福建，张栻自西往长沙。临别，张栻赠诗《送元晦尊兄》，朱熹回赠《赋答南轩》，以"昔我抱冰炭，从君识乾坤"之句，对这次会讲的学术成果作了总结。②

朱熹去到岳麓书院时，还曾留下一些宝贵的纪念。他亲手题书的"忠孝廉节"，于清朝道光年间嵌刻于讲堂。朱熹所赋的《赋答南轩》，其手迹也于清代刻在石碑之上，这些现在都存于岳麓书院。岳麓书院进门即有一个戏台，名为"赫曦台"，即是为了纪念朱熹登上岳麓山，初见朝阳时颇为激动，拍手赞叹"赫曦、赫曦"的场景。"朱张渡"是长沙市湘江边的古渡口之一，是后人因为纪念朱熹张栻当时经常在此乘船渡河而立名。

朱、张岳麓会讲的中心，即"中和"问题，探讨的最后结果是朱熹让

---

① 朱汉民，邓洪波. 岳麓书院史［M］. 长沙：湖南大学出版社，2017：117.
② 朱汉民，邓洪波. 岳麓书院史［M］. 长沙：湖南大学出版社，2017：119.

步，吸取了湖湘学派的两大主张。乾道五年公元（1169），朱熹在学术研究中又得到了领悟，境界上了更高一个层次，反而当时张栻的许多学说都不如他，在慢慢接近他的高度。上有朱学张，下有张学朱，二者相互影响。这种互相切磋，互相影响，对理学的发展是十分有益的，因此朱张会讲也就闻名遐迩，传为佳话。

三、社会宣讲

德性是一个人的内在根本，为社会所看重，体现在一个人的一举一动。要想看一个人的德行如何，就应看他在不同场合表现出来的情态、言语和动作是否为他人权益着想，甚至能否将他人权益置于自身权益之上。单单某人或者某部分人的价值观念与道德准则还不足以发挥大的作用，只有上升到社会层次上来，在符合道德标准的社会氛围下，才能实现整体社会德行化，实现人们和社会整体道德素质的提高以及道德观念的深入。

岳麓书院的教育方法与别处不同：独树一帜的心灵共鸣教学法，一改传统高深、枯燥、无趣的印象，层次分为高深化和通俗化：高深化用以理论深入、学术讨论；通俗化用以普及社会、教导平民，细致入微地教育，受众面相当广，承载着社会共同价值理想，为世人所称赞。

古代中国君主都实行专制集权化，借用一种思想来统治整个社会。古代君主通过专制统治把思想灌输给民众，使人们遵守其制定的道德准则，久而久之，这些道德准则逐渐演变成一种习惯，甚至一种信念。为了传播这些道德准则，岳麓书院大力开展社会宣教活动，其社会宣教活动把日常生活和日常教育充分结合到一起，以朴实的语言和形象的词语对社会民众进行道德教育，促使民众从言行举止到内心修养尊崇社会道德标准，达到道德教化的目的。

岳麓书院的社会宣教对参与人员的身份没有特殊要求，无论是院内师生，还是院外各行各业，不管是达官贵族，还是黎民百姓，众人平等，均有机会入内听讲学习。岳麓书院的社会宣教相对趋于通俗化，用朴实的语言和形象的词语，力图使听众能更好地理解，以此更好地传播道德教化思想，形成良好的社会氛围，实现整体道德素质的提高。

第二节 祭祀

对儒学礼仪的教育，不仅体现在具体的典籍教学活动中，还表现在岳麓书院的日常活动中，包括书院的礼仪祭祀等活动。我国古代极为尊崇礼仪，"习礼"到"演礼"，无不通过一整套严格规范的程序形式来加强对儒礼的深入认知。《礼记》中写道："道德仁义，非礼不成；教训正俗，非礼不备；分争辨讼，非礼不决；君臣、上下、父子、兄弟，非礼不定；宦学事师，非礼不亲；班朝治军，莅官行法，非礼威严不行；祷祠、祭祀、供给鬼神，非礼不诚不庄。是以君子恭敬撙节，退让以明礼。"① 可见，在对古代典礼的学习中，书院生徒不仅能够知书明理，还能够将所学知识运用于日常的交际礼仪中，建立深刻的自我约束及行为规范。

一、岳麓书院祭祀的概况

在古代，祭祀是一项十分神圣且重要的仪式，在崇尚学统的岳麓书院尤为如此。祭祀是岳麓书院规制中的一项重要内容。祭祀与教学、藏书共同构成岳麓书院的主要功能。明代湖广巡抚黄衷于明弘治年间专门作《岳麓书院祀记》，详细地记录了岳麓书院祭祀的情景：

> 长沙，古潭州也。兴教之地，是为岳麓书院。宋建于开宝，则有朱子洞，历岁而毁。建于乾道，则有刘安抚珙，历岁而毁。更建于绍熙，则有朱先生元晦，历岁而毁。我敬皇帝弘治甲寅，陈郡倅钢始复旧绪，嗣而葺者则有杨郡贰茂元，率亦陈诸未备者耳。考书院之兴废，此其大都焉。方其盛时，藏书则有李守允则，主教则有周山长式，讲

---

① 戴圣. 礼记 [M]. 北京：中华书局，2017：36.

学则有晦翁、南轩二先生，歙风向道，学者计千人，授餐田五十顷。弦诵响绝而游宴踵至，君子慨之。考教理之盛衰，此其大都焉。书院旧有祠以祀晦翁、南轩，潭人请以山长式、郡倅纲配，若或寝之而专祀朱、张。潭人之言，文公集诸儒之成，以明圣贤之道，讲学于兹，吾师焉；安抚于兹，吾师焉。南轩世大儒，并时同业，夫所谓过化者存焉，吾祀之。山长行谊，乡先生也。乡先生没而祀于社，山长有焉，吾祀之。始，书院之鞠于榛莽也，阅三百年，悴斯来也，异梦兆其感，遣碣征其处，费也吾无与焉，力也吾无庸焉，治吾惠而教亦吾惠也，吾祀之。是乌知专之者未为失，而寝之者固未为得耶？潭人有辞矣，君子以为义，民动以义莫可拂已。督学许佥宪宗鲁则因旧祠以祀朱、张，崇道也；更堂焉以祀守洞、守允则、安抚珙、山长式、郡倅钢，序位以世，崇教也。于是潭人始慰。考祠祀之沿革，此其大都焉。

铁桥子曰，是役也，有足劝者三尔。大道既隐，师友义衰。口耳之常谈，无谓乎教；仕进之筌蹄，无谓乎学。圣贤成己成物之用，无复异时丽泽之余。朱、张不远千里讲道湘西，论中庸之义尝三昼夜不合，然卒定于朱子。夫以粹精于文公，超悟如南轩，犹不能无藉乎问辨剧难之益，吾得以劝士。良吏之品，惟治与教，故鲁称弦诵，郑美乡校，蜀郡之儒化，赞皇之启封，非教莫取也。后世乃有殚力簿书俯首绳检自委于俗且冗者，犹将不免，郡倅陈君卒能于文法寝密之日，无守之力而举师帅之职，若可与古良牧齿者，一兴教已乎！吾得以劝吏。民志既伪，俗滋敝矣，视去守令如唾洟，然潭人怀惠故倅恒若一日，申之祀事，以上及乎世之贤大夫者，吾得以劝俗。是故，士成乎学，吏成乎义，嘻，独潭之利也乎哉。①

祭祀是培养生徒思想美德的一种重要方法。祭祀通过仪式向先辈表示

---

① 黄麦. 岳麓书院祠祀记［M］//欧阳厚均.《岳麓文钞》卷四. 清道光年间刊本. 转引自陈谷嘉，邓洪波. 中国书院史资料（上）［M］. 杭州：浙江教育出版社，1998：788.

尊敬，进献祭品表示敬意，最后颂祭文、焚祝文等，整个流程虽然复杂，但实际上每个动作都有其自身特别的意义。书院希望通过此种恭敬的仪式向先辈表达后辈的尊敬、爱戴、缅怀之情，从而凸显出先辈德行之高尚及其对后世之影响。因此，岳麓书院的祭祀类别较多，各种类别所祭祀的对象和形式又各有不同。

（一）类别

岳麓书院祭祀仪式主要包括释奠礼、释菜礼等。立学而祭祀，在中国古代学校的礼仪中，释奠礼是极为重要的一种。释奠礼是"在学宫中举行祭祀'先圣先师'或'先老'的一种仪式"①。所谓释奠，即"陈设酒食用以祭奠先师先圣"②。释奠礼是自古以来中国学校学礼中最重要的内容，是中国古代教育的传统。③ 释菜礼是用蘋蒿、白蒿等野生蔬菜来祭祀先师，敬奉给自己的老师，以此来表示拜师学艺的礼仪。④

（二）对象

岳麓书院从创办时起就设俎豆，祀孔子，当时祭祀对象只有孔子及其弟子，供祀的地方为"礼殿"（也称"孔子堂"）。至清代嘉庆时，书院总共设祭祀处共有十二处，而于嘉庆皇帝在位时，又断断续续地增修及捐设了同样多的祭祀处，使得祭祀处增至二十四处。同治年间又为欧阳厚钧设立了专门的祠堂。光绪帝上位年初期，又在此增设了祭祀王夫之的船山祠。至此，岳麓书院祭祀之处多达二十九处之多，祭祀对象也逐渐发展为先圣、先贤、先儒、乡贤四类。

其一为"先圣"：岳麓书院作为尊师重教的书香之地，设置有主要祭祀儒家学派创始人的文庙，而于其像左右两壁上又分别设有孟子、子思、颜回、曾参四位儒家学派继承者的配像。从其分布及其文化以及其祭祀礼仪方面可以看出其对于儒家学术源流的重视程度之高。其二为"先贤"：其祭

---

① 单纯. 国际儒学研究［M］. 北京：九州出版社，2007：135.
② 朱筱新. 中国古代的礼仪制度［M］. 北京：商务印书馆，2007：116.
③ 高明士. 东亚传统教育与学礼学规［M］. 武汉：华东师范大学出版社，2008：253.
④ 朱筱新. 中国古代的礼仪制度［M］. 北京：商务印书馆，2007：123.

祀的主要是书院的创立者、书院历代山长，以及对书院作出过杰出贡献的人。书院里供奉着如李中丞、罗典、欧阳厚均等人，这些人在世时都不同程度地对学院的建设以及之后的发展作出了巨大的贡献，其中又尤以朱洞、李允则、周式三人为著，正因为这三人对于书院的坚持与努力，书院才能在后来的时代更替中逐渐发展壮大。其三为"先儒"：在这种祠堂里供奉的一般都是和书院的学术思想有着很大渊源并受到崇敬的学派巨子等代表人物。在理学盛行的宋朝，理学是书院宣讲的主要内容，因此在宋代，理学大师如周敦颐、程颢、程颐、朱熹、陆九渊等就特别受到尊重与敬仰。除此之外，书院里还供奉着与书院学派有很大渊源的学术创始人以及代表人物，如崇道次祭祀的张栻、朱熹，光绪初再增船山祠以祭祀王夫之等，以这种方式来表明书院的学术流派及特点。其四为"乡贤"：顾名思义就是在当地比较有名的学者及贤士，如"三闾大夫祠"里祭祀的屈原，"贾大傅祠"中祭祀的贾谊等。

（三）形式

岳麓书院的祭祀场所主要有文庙和专祠，供祀对象有先圣、先贤、先儒、乡贤、名宦等。因其身份和祭祀时间的区别，祭祀仪式也有很大差别，大抵分香仪、释菜、释奠等。

香仪，即上香、行香，是最简洁的祭祀仪式，平常较重要的活动在文庙大成殿、崇圣祠及专祠举行。主祭者上香，行跪拜礼即算礼成。

释菜，又称舍菜、祭菜。其礼亦颇简易，祭品多为蘋、蘩、芹、藻类菜蔬。品不多，贵在心诚。元代翰林学士卢挚有所诗《岳麓书院释菜礼成》、明代曾如春所写的《朱张祠记》，以及历代的"书院记"都记载有书院行释菜礼的情况，这说明书院释菜祭祀仪式由来已久。据书院文献记载：每月朔望吉日、岁首诸生出入院，提学宪臣初入院，山长、教官初至书院时，常在文庙及专祠举行释菜仪式。释菜仪式基本内容如下：省牲：兔三；陈设：先师位，爵三（旁二爵，先酌中爵，待献官行），笾、豆各二（二豆在中，以盛菁菹、兔醢。二笾在两旁，以盛枣、栗）。四配位，爵各三（如前），豆一（居中，以盛菁菹）笾二（两旁，以盛枣、栗）。专祠与四配位同。祭品：笾实，菹、栗。豆实，菁菹、兔醢。程式比较简单，只行一献礼，祭者就位，迎神，行献礼，送神，礼毕。

释奠是专行于文庙的一种祭仪。释、奠均为陈设、呈献之意，指的是祭典中陈设音乐、舞蹈，以及呈献牲（三牢）、酒、果、蔬菜等祭品，以表对孔子的尊崇。因在春秋两季仲月上丁日举行，所以也叫"丁祭"。丁善庆所写的《圣诞致祭议》中谈到岳麓书院祭祀孔子的情况，他说，道光二十四年岳麓书院新增在孔子诞辰八月二十七日用少牢礼，这是不妥当的。他主张，国家尊师重道备极，优崇释典，二丁自有常制，援据礼经实不同于寻常庙祀。在二丁之外新增一祭，明为崇道，实为僭越。又据罗典《新增丁祭公费记》载：书院春秋丁祭由长沙府领银七两，不敷。乾隆五十九年（1794），院长罗典亲集资费，交商生息，祀事始臻美备。[①] 可见，书院对春秋丁祭是非常重视的。

二、岳麓书院祭祀的德育功能

作为岳麓书院对其生徒的一种重要的道德教育形式，祭祀通过对先人贤士的行礼祭拜，将这些先人贤士树立为生徒的道德标杆，以此让其生徒在俯首叩拜时对先人贤士产生崇敬感，进而以此为榜样，树立自己的道德准则。

（一）以形化神

信仰是超越了理性思维的，在人的价值观里产生的精神及理性的认同感，其在人的思想道德修养方面具有长久性，是人的人格价值观科学性的形成，但是信仰的产生又需要特定的条件，比如需要一定的情境场合，所以书院也正是通过祭祀这种特定的方式来使学生产生认同感。《礼记·曲礼》中说："祷祠、祭祀，供给鬼神，非礼，不诚不庄。"[②] 在日常的书院

---

① 朱汉民. 岳麓书院［M］. 长沙：湖南大学出版社，2011：61.

② 肖永明. 儒学·书院·社会 社会文化史视野中的书院 修订版［M］. 北京：商务印书馆，2018：357.

的祭祀活动中很大一部分中就包括了这些礼仪，书院生徒在行礼仪之时会产生一种庄严神圣之感，生徒对先贤的崇敬仰慕之情在祭祀仪式中若得到升华则有可能会形成一种信仰。①

祭祀的建筑和周边环境通常也十分庄严肃穆，如祭祀孔子的文庙的建筑一般以黄瓦朱墙为基调，显示出独有的气派，院内整齐别致的树木花草也体现了其规格的不同一般。专祠的建筑风格较为统一，皆为三间单檐硬山结构，单面出廊，分为上下两院布局，在建筑文化上造成一种自上而下、自古及今的等级感和历史时空感。

除了常见的斋戒外，在正式的祭祀场合中还会有相关的祭品，以及对于祭祀场所的分布安排等不可或缺的流程。仪式正式开始后，参与者便需要在主持司仪的安排下向其祭祀的对象行礼，仪式包括：鞠躬、跪拜、行献礼、诵读祝文等。由此可见，祭祀并不是简简单单的一套身体动作，其所包含的是一种象征性的精神内涵。祭祀中仪式动作的实际目的也不只是简单的表面形式，而在于"示以敬道"，通过这些动作表达祭祀者内心无比的崇敬与仰慕之情，恰如《礼记·祭统》中所写："贤者之祭也，致其诚信与其忠敬。"这种感情是由心底自然流露的，而非表面形式，就像儒家学派在书中所记："夫祭者，非特自外至者，自中出生于心也，心怵而奉之以礼，是故唯贤者能尽祭之义。"在这一套行为礼仪的规范下，祭祀者便会产生对先贤的一种敬仰，从而改变其自身价值观，向所祭祀的先贤学习靠拢。

（二）榜样教育

祭祀同样能为书院内的生徒树立榜样，从而达到德育的效果，即所说的尊敬先贤而激励后生。但凡设立祠堂尊奉的先贤，书院对其进行祭祀，都遵循着一定的准则，这些先贤要么乡于斯而品德高尚，要么仕于斯而斩获功劳，要么隐学于斯而自身得道，要么阐教于斯而教化他人。概括而言，就是两个最基本的要求，即与此乡此土有密切关系且道义德行足以成为后

---

① 肖永明，唐亚阳. 书院祭祀的教育及社会教化功能［J］. 湖南大学学报（社会科学版），2005（5）：10-14.

辈学习的典范。前者令人倍感亲切，后者令人竞相学习。供奉在祠堂内的先贤，是书院生徒的榜样，让书院内的学生既敬仰又感到亲切。虽说这些贤士具有不同的地位，或为官或为民，或从事不同的职业，或收获不同的成就，或立功或立德或立言，但他们皆有可供学习的地方。山长按照学生各自的兴趣习性，分别劝诫规勉，要求他们见贤思齐，如此方能达成希贤、希圣、希天等不同层面的成就。而各学生长久地待在先贤左右，俯仰之间，潜移默化，日积月累，一定能道德高尚，学业精进，成为有用之才。由此可见，祭祀是书院采取的极为形象的教育方式，将这些学习的榜样供奉在祠堂之中，学生进入祠堂便俨然看见其人，见贤思齐的志向便油然而生，思其远大理想，思其终生追求的事业。书院的祭祀活动建立在以教育为重、以学术为尊的理念上，既简单又不失隆重，它蕴含着崇尚礼仪、尊师重道、崇尚贤士等含义。祭祀仪式严格按照儒家的礼仪制度展开，以向学生展现儒家礼仪的方式进行道德理想教育。同时书院的生徒还能通过庄严神圣的祭祀仪式，感受到先贤的人格魅力，生发出成为圣贤的理想。

学子在祭祀之中能直观地看到先辈圣儒的形象，从而心生震撼。在熟读"圣贤"典籍的同时向神灵高踞的他们行叩首之礼，在这庄严又虔诚的气氛中，祭祀与学习理论知识相结合，"圣贤"不再是纸上谈兵的想象，而是一排排实际的雕像与木柱，学子与圣贤心理上的距离在肉眼可见的直观效果中缩短了，激励效果便也愈发强烈，学子们由此而受到鼓舞，刻苦钻研儒家经典，从而实现教育的目的。例如岳麓书院中供奉明代王夫之的船山祠，学子们在他极高的学术造诣和崇高的民族气节之下自然而然地效仿学习，将其作为榜样和目标，达到极好的教育效果。

书院生徒在祭祀中怀着对先辈贤儒的崇敬之情拜读表彰他们丰功伟绩的祭文，诵读者听闻其声，似见其形。思及其居所、其喜好、其言语，升隆若蒿，观而化之，莫斯为近也，既知舜之当祀，必也知舜之当法。这些成为模范榜样的祭祀对象产生的激励作用可能会影响生徒终生。据《宋史·文天祥传》的记载："吾系童子时，见祠乡先生胡拴、杨邦义、欧阳修像于学宫中，谥号皆忠，当即欣然仰慕，曰：不俎豆其间，即非丈夫也。"就文天祥载入史册的壮举而言，正是祭祀产生的激励功能长期熏陶所致。此外，在祭拜之中加入建办书院的功臣并讲授他们的所为，使书院生徒明白办学之艰，从而刻苦学习，追寻真理以不愧对先辈们教书育人的"盛心"。此种教育模式极具典型模范的特性，即便在今天，仍具有很大的学习价值。

（三）社会教化

岳麓书院的祭祀不仅考虑到了书院自身的发展，还考虑到了整个社会的发展，勇于把教化社会的责任扛在肩上。岳麓书院的社会教化作用具体体现在三个方面：第一，严格甄选祭祀对象，开放内院教化民众。从岳麓书院对祭祀对象的选择之严谨就可以看出其对祭祀的重视程度。岳麓书院所选的祭祀对象也符合书院教育家们创立书院祭祀的初衷：改民风、促发展。岳麓书院的祭祀有自身的历史渊源，最早因先贤的六君子堂而闻名，地点设立在书院偏西不远处的一处高地，离书院偏东再远一点还有一处，叫作屈子祠，一处又一处的祠宇构成一个整体，整体又是构成当地精神文化的一部分。大部分书院的内院是相对封闭，不对外开放的，而岳麓书院的内院却不一样。通过开放内院，岳麓书院把包含在祭祀中的价值观念灌输给民众、给社会，实现了对民众、对社会的教化作用。

第二，举行"颁胙"之礼，达到教化激励作用。"颁胙"之礼是岳麓书院祭祀活动中的重要环节。在祭祀活动的最后，用隆重的仪式把祭肉颁发给一些特定群众，这就是"颁胙"。就这个环节来说，的确能更好地教化社会，也能大大地提高书院祭祀活动的影响力，有利于书院自身和社会的发展。相应的，此处的"胙"也已被象征化，就像诗歌、文章中的借代、象征词语般，作为一种文化符号保存下来并有其自身特别的意义。祭祀的深刻含义借此深深根植在"颁胙"的整个过程中，其价值导向也由此潜移默化地影响着周边群众。

第三，提高地方凝聚力、增进乡民感情。祭祀神社和祭祀祖坟往往与书院祭祀是紧密相连的，这种文化氛围对当地人们产生了潜移默化、深远持久的影响。追根溯源、寻祖归宗，祭祀共同的祖先让乡邻之间产生了认同感和亲切感，增进了乡邻之间的感情，提高了地方民众的凝聚力。

岳麓书院的祭祀活动由于声势浩大、影响深远而成为当地的文化盛事。清朝乾隆统治期间，岳麓书院开展了一次大型的祭祀活动，名为"丁祭"。此次祭祀仪式非常隆重，奏乐三天有余，山谷间鞭炮频响，不绝于耳。在书院的门口摆放着高高的灯杆，朔日直至望日，整整半个月，门口的灯都不曾熄灭，热闹非凡。① 这种种做法都是为了增加祭祀活动的社会影响力，在祭祀中引导人们崇文尚儒，通过祭祀的榜样教育意义来激发、鼓舞民众，从而提高社会风气。

第三节　分年教育

儒家向来注重道德教育，虽然其教学一直遵循因材施教、循序渐进的原则，但其教学内容却均是以四书五经为主。针对儒家这一略显刻板，缺乏层次性，未能观照到学生各个阶段心理发展特点的弊病，岳麓书院探索出了一种新的教育理念，即"分年"教育。

一、提出"分年"教育的主要人物

岳麓书院历来以"传道济民""育德为先"为其教育宗旨，将德育置于整个教学活动的中心。其中，由张栻、朱熹、程端礼等提出的"分年"教育又为岳麓书院德育中颇具特色、浓墨重彩之笔。

（一）张栻

张栻，字敬夫，号南轩，南宋年间主教岳麓书院，初步奠定湖湘学派，成为一代学宗，与朱熹、吕祖谦并称为"东南三贤"。中国古代书院最早提出分层次道德教育理念的即是张栻，他根据学生的年龄提出分阶段教学，分为"小学"和"大学"两个层次，并制定了相应的德育目标与内容。

---

① 丁善庆. 长沙岳麓书院续志［M］. 同治六年刊本.

"今夫小子习为洒扫应对进退之事，是之谓小学；由是而致其知则存乎人，是之谓大学。至于充之而尽，亦初不离乎洒扫应对进退之间。若以此为末而别求所谓本，则是析本末之为二体，形而上者与形而下者不相管属，其为弊盖有不胜言矣。"①

张栻认为"小学"只应学"形而下"之礼，待到"大学"则穷"形而上"之理。这既符合学生的心理发展规律，又遵循学习上循序渐进的思想，"是以古人之教小学、有大学，自洒扫应对而上，使之循循而进，而所谓格物致知者，可以由是而施焉"。② 之所以张栻担任主教的岳麓书院能够达到桃李满天下的效果，是因为他将教育思想和现实的实际情况进行了很好的融合。

（二）朱熹

朱熹，字元晦，号晦庵，理学集大成者，世尊称"朱子"。他在张栻阶段性道德教育的基础上提出"分年"德育法，进一步提出了更为细致的与有针对性的德育内容与方法。

"小人之学"和"大人之学"："人生八岁，则自王公以下，至于庶人之子弟，皆入小学，而教之以洒扫、应对、进退之节，礼乐、射御、书数之文；及其十有五年，则自天子之元子、众子，以至公、卿、大夫、元士之适子，与凡民之俊秀，皆入大学，而教之以穷理、正心、修己、治人之道。此又学校之教、大小之节，所以分也。"③ 虽然朱熹对两个阶段提出了不同的德育目标与内容："小学"侧重"教事"；"大学"注重"明理"。但两个阶段相互融会贯通，循序渐进，最终目标都是为了"成圣贤"。朱熹这种既考虑各个阶段侧重点，又注重其连贯性，便是其新颖之处。④

（三）程端礼

程端礼，字敬叔，号畏斋，元代主教建康江东书院，治朱子之学。程

---

① 张栻. 张栻全集 [M]. 长春：长春出版社，1999：231.
② 黄宗羲. 宋元学案 [M]. 北京：中华书局，1986：1613.
③ 朱熹. 四书章句集注 [M]. 北京：中华书局，2012：1012.
④ 熊瑜. 朱熹伦理教化研究 [D]. 成都：四川大学，2003：28.

端礼在吸收借鉴张栻和朱熹"分年"教育的基础上，针对当时"读书不得法"之弊病，撰写了更为全面系统的《程氏家塾读书分年日程》。其中进一步将年龄划分成三个时期，第一个时期是启蒙时期，即八岁之前；第二个时期是小学时期，八岁到十五岁；第三个时期是成人教育时期，十五岁之后，并为每一个阶段制定了有针对性的读书内容与目标。他更将每天划分为早晨、白昼、夜晚三个时段，并划分了学习周期，对每个周期的学习都作出了安排。①

因为该书以德育贯穿始终，并符合学生年龄变化的特点，因此该书被视为书院教育的标准课程系统，为历代书院所采纳与借鉴，对历代书院的教育有着深远的影响。②

二、"分年"教育的意蕴及特点

为了达到岳麓书院"成圣贤"的总目标，书院教育家们根据学生的年龄及不同阶段的心理发展、思维发展特征等，将道德教育分为"小学"与"大学"两个阶段，"大学者，大人之学也。古之为教者，有小子之学，有大人之学"。③ 并制定了不同的目标、内容与方法。

（一）小学：学其礼

"小学"阶段，即为八岁到十五岁。在此阶段，学生的身心发展、理解能力都处于萌芽状态，形象思维较为发达而抽象思维尚未发展完全，很难领会高深玄妙的"理义"之道。因此"小学"为"打坯模"阶段，只需要养成良好的行为习惯，为以后的"明理""成圣贤"打下基础。正如张栻所说："习乎六艺之节，讲乎为弟、为子之职，而躬乎洒扫应对进退之事，周旋乎俎豆羽龠之间，优游乎弦歌诵读之际，有以固其肌肤之会、筋骸之束，齐其耳目，一其心志。"④

---

① 唐亚阳，吴增礼. 试论中国书院德育实施系统［J］. 大学教育科学，2005（6）：66－69.
② 唐亚阳，吴增礼. 中国书院德育研究［M］. 北京：人民出版社，2014：100.
③ 朱熹. 四书章句集注［M］. 北京：中华书局，2012：1012.
④ 张栻. 张栻全集［M］. 长春：长春出版社，1999：231.

针对"小学"阶段，朱熹博采众长，专门编写《小学》一书，用忠、孝、悌、忍、善对君臣、父子、兄弟、夫妇、朋友等五种人伦关系提出了具体的要求与规范。又从"衣服冠履""读书写文字""语言步趋""洒扫涓洁""杂细事宜"五个方面撰写了《童蒙须知》，如"凡为人子弟，当洒扫居处之地，拂拭几案，当令洁净"；"读书有三到。谓心到、眼到、口到。心不在此，则眼看不仔细。心眼既不专一，却只漫浪诵读，决不能记"①等。尽管在"小学"阶段，朱熹更多强调的是行为的规范，但同时他也注重将外在的道德规范转化为内在的品德涵养，从而实现全方位的发展。②

（二）大学：穷其理

"大学"阶段即在十五岁之后，教育内容重点是"穷其理"。因为在该阶段，学生的抽象思维及逻辑思维日渐成熟，能够理解深奥之"理"，所以"小学"是学礼仪之形，知其然，"大学"则是究礼仪之理，知其所以然，寻求"理义"之道。

对于"大学"阶段，张栻认为需要"格物致知"而"穷理"。张栻说："所谓大学之道，格物致知者，由是可以进焉。至于物格知至而仁义礼智之彝得于其性，君臣、父子、兄弟、夫妇、朋友之伦，皆以不乱，而修身、齐家、治国、平天下，无不宜者，此先王之所以教而三代之所以治。"③ 为了达致"穷理"，都需要经历两个阶段，即"格物致知"与"豁然开通"。第一个阶段强调以"格物"作为基础，不经过"格物"的积累，很难实现一种质的飞跃，达到"豁然贯通"的状态，并最终实现"穷理"的目的。

对于"大学"阶段的教材，朱熹在认真研究四书的基础之上，重新作出了注释，编撰了《四书集注》一书。程端礼更是以《四书集注》一书为"大学"阶段的中心教材，同时辅以五经及其他文史类书籍，并制订了详尽的教学计划。

---

① 朱熹. 童蒙须知［M］. 北京：中华书局，2013：110.
② 郭雄雄. 朱熹道德教育思想及其现代价值研究［M］. 兰州：西北师范大学，2013：36.
③ 张栻. 张栻全集［M］. 长春：长春出版社，1999：231.

（三）特点：循序渐进、融会贯通

尽管"小学"和"大学"有着不同的教育目标与内容，是两个不同的教育阶段，但它们又是循序渐进，相互融会贯通的。正如张栻所说："为之则有其序，教之则有其方""是以古人之教，有小学、有大学。自洒扫应对而上，使之循循而进"。张栻认为，虽然"小学"阶段学的是"形而下"的具体行为礼节，而"大学"阶段研究的是"形而上"的"理义"之道，但这却是建立在"小学"习惯养成基础之上的。"小学"阶段"为人事之始"，它"充之而尽"就是"大学"阶段，不可认为二者是"不相管属"，两个阶段是相互贯通的。①

朱熹认为，"学之大小，固有不同，然其为道，则一而已""学者大要立志，才学，便要做圣人是也"。②"分年"教育讲究由浅入深、由简入难，使学生循序渐进地接触社会道德并理解、接受、运用，但最终目标都是为了"成圣贤"，这与岳麓书院的德育理念也是一致的。

第四节　游历

"知、情、意、行"是品德构成的四个基本要素，其中的道德情感，就是在道德实践的过程中，个体对行为动机、倾向和结果所采取的赞成或反对，喜爱或厌恶的态度，就是在社会既定的道德标准下，对现实中的道德现象和行为所获得的情感。完善的道德知识固然重要，但是道德情感的熏陶在个体的道德教育中具有重要的影响和价值，积极的道德情感能够推动和支撑个人的道德行为，让个人能够以一种愉悦轻松的心情按照道德要求来进行道德实践。

---

① 吴增礼，等．中国古代书院德育实施方法及其特征探析［J］．教育研究，2010（3）：77 - 81．

② 朱熹．朱子语类［M］．北京：中华书局，1986：1330．

在养成德性的过程中，积极愉快的道德情感是不容小觑的。如孔子的弟子曾皙曾描述过一情景："莫春者，春服既成，冠者五六人，童子六七人，浴乎沂，风乎舞雩，咏而归。"这种游历山水中的情景令孔子十分向往。所以岳麓书院在传授知识和谈论学术之余，也通过外出游历山水的方式来丰富他们的道德情感。朱熹认为："读书，放宽著心，道理自会出来。"① 他认为积极的情感更有利于学习和完善自己，因此他经常带着学生亲近自然，走访山川古迹，让他们在实际的体验过程中增强自身的感性知识、道德情感和意志。他提出："上而无极、太极，下而至于一草、一木、一昆虫之微，亦各有理。"② 万事万物都是学习和思考的对象，只要勤于观察和思考，做个生活中的有心人，就能够获得实际生活中的学问道理，以不断补充书本上所得到的理论知识。

道德意志是个人在道德情境中，自觉地调节行为，克服内外困难，实现道德目的的心理过程。道德意志是道德意识的能动作用，帮助我们把道德动机贯穿于道德行动之中。③ 游历山水看上去是一件惬意之事，但游历的过程其实十分辛苦，是对意志力的一种极大考验。"行百里者半九十"，登山也是如此。爬山的人多，但能成功登到山顶的人却不多，多少人因为意志力的不坚定而选择放弃。因此，岳麓书院的生徒游历山水的过程也是磨炼其意志的过程，而历经艰险，最后登顶成功所带来的美景与喜悦，更会强化这种磨炼。

岳麓书院的老师和生徒经常在斋舍或者是讲堂进行教学，在狭小的空间中，生徒相处难免拘谨，过程相对枯燥乏味。因此，岳麓书院的老师们常常带着学生游历山河，在大山大水之间畅游，陶冶他们的道德情感，磨炼他们的道德意志。在山川河流间，生徒胸襟开阔，激扬文字，一起"有善相劝，有过相规，疑则可以共晰，义则可以共趋，怠惰者群相策勉，勤慎者咸知则效"④。没有了空间的束缚，打破了礼仪的拘束，生徒之间能够畅所欲言，更好地交流沟通。

---

① 朱熹. 朱子语类［M］. 北京：中华书局，1986：164.
② 朱熹. 朱子语类［M］. 北京：中华书局，1986：254.
③ 莫雷. 教育心理学［M］. 北京：教育科学出版社，2007：33.
④ 邓洪波. 中国书院学规［M］. 长沙：湖南大学出版社，2000：215.

第四章
岳麓书院德育的制度

在德育过程中，学生自身的主观努力固然重要，但外在的制度约束同样必不可少。岳麓书院在千百年的道德教育摸索中形成了一套完整的德育制度。这些完善而严密的制度是生徒自身道德养成的补充，通过"他律"与"自律"相结合的方式形成一个完整的德育体系。

第一节　学规

学规，是为古代书院师生所共同遵守的规章制度的通称，一般包括学约、学则、学箴、戒条、揭示、教条等。① 学规是书院的主要管理措施之一，也是书院制度的主要标志。学规的目的即在于使"诸君其相与讲明遵守，而责之于身焉"②。关于学规的制定，朱熹曾经指出："尝谓学校之政，不患法制之不立，而患理义之不足以悦其心。夫理义不足以悦其心，而区区于法制之末以防之，是犹决湍水注之千仞之壑，而徐翳萧苇以捍其冲流也，亦必不胜矣。诸生蒙被教养之日久矣，而行谊不能有以信于人，岂专

① 吴莹. 河南书院学规之教育理念探析 [J]. 黑龙江高教研究，2012 (2)：42–45.
② 朱熹. 朱子大全 [M]. 北京：中华书局，1921：1333.

法制之不善哉。"① 岳麓书院学规，是岳麓书院"求道"与"求学"精神的高度体现，正因其"以理义悦其心"的特点，虽流传千年却经久不衰，对当代学生手册（又称"守则"）有着很好的借鉴作用。

一、岳麓书院学规的流变

自北宋开创以来，岳麓书院的学规虽然经历了多次变更，但其主旨却紧紧围绕着"传道济民""以德育人"，经久不变。绍熙五年（1194），朱熹到潭州担任湖南安抚使，在就职期间，他将著名的《白鹿洞书院揭示》颁于岳麓书院，自此揭开了岳麓书院以正式学规管理书院的序幕，后来的学规则在此基础上逐步发展。《白鹿洞书院揭示》全文如下：

父子有亲。君臣有义。夫妇有别。长幼有序。朋友有信。

右五教之目。尧、舜使契为司徒，敬敷五教，即此是也。学者学此而已。而其所以学之之序，亦有五焉，其别如左：

博学之。审问之。慎思之。明辨之。笃行之。右为学之序。学、问、思、辨、四者所以穷理也。

若夫笃行之事，则自修身以至于处事、接物，亦各有要，其别如左：

言忠信。行笃敬。惩忿窒欲。迁善改过。

右修身之要。

正其义不谋其利。明其道不计其功。

右处事之要。

己所不欲，勿施于人。行有不得，反求诸己。

右接物之要。

熹窃观古昔圣贤所以教人为学之意，莫非使之讲明义理，以修其身，然后推以及人，非徒欲其务记览，为词章，以钓声名，取利禄而

---

① 朱熹. 朱文公文集［M］. 上海：上海古籍出版社，2002：3568.

已也。

今人之为学者，则既反是矣。然圣贤所以教人之法，具存于经，有志之士，固当熟读、深思而问、辨之。

苟知其理之当然，而责其身以必然，则夫规矩禁防之具，岂待他人设之而后有所持循哉？近世于学有规，其待学者为已浅矣。而其为法，又未必古人之意也。

故今不复以施于此堂，而特取凡圣贤所以教人为学之大端，条列如右，而揭之楣间。诸君其相与讲明遵守，而责之于身焉，则夫思虑云为之际，其所以戒谨而恐惧者，必有严于彼者矣。

其有不然，而或出于此言之所弃，则彼所谓规者，必将取之，固不得而略也。诸君其亦念之哉。

顺治九年（1652），清政府颁立"卧碑"作为"教条"，通行全国。这份"教条"，是政治的产物，体现了当时清政府的高压政策，虽然这是一份渗透了封建专制主义的条规，但岳麓书院作为省会书院，不得不遵守。因此，岳麓书院将其刊立于明伦堂，《岳麓书院续志·书院条规》记录全文：

朝廷建立学校，选取生员，免其丁粮，厚其廪膳，设学院、学道、学官以教之，各衙门官以礼相待，全要养成贤才，以供朝廷之用。诸生皆当上报国恩，下立人品，所有教条，开列如后。

生员之家，父母贤智者，子当受教；父母愚鲁或有非为者，子既读书明理，当再三恳告，使父母不陷于危亡。

生员立志，当学为忠臣清官，书史所载忠清事迹，务须互相讲究，凡利国爱民之事，更宜留心。

生员居心忠厚正直，读书方有实用，出任必作良吏。若心术邪刻，读书必无成就，为官必取祸患。行害人之事，往往自杀其身，常宜思省。

生员不可干求官长，交结势要，希图进身。若果心善德全，上天知之，必加以福。

生员当爱身忍性，凡有司官衙门不可轻入，即有切己之事，只许家人代告，不许干与他人词讼，他人亦不许牵连生员作证。

为学当尊敬先生，若讲说皆须诚心听受，如有未明，从容再问，勿妄行辩难。为师亦当尽心教训，勿致怠惰。

军民一切利病，不许生员上书陈言，如有一言建白，以违制论，黜革治罪。

生员不许纠党多人，立盟结社，把持官府，武断乡曲。所作文字，不许妄行刊刻。违者听提调官治罪。①

清朝康熙年间，时任山长程佑祉为岳麓书院制定了《学约》和为学的《学则》，在以前，书院都是用的《朱子教条》和顺治颁行的《书院条规》，此次制定的《学约》和《学则》，在教学方面要比上两者深细。可惜尚未发现史料记载其具体内容。

康熙五十六年（1717），李文炤上任后即在朱子《白鹿洞书院揭示》的基础上续订了岳麓书院八条学规：

炤以菲材，谬承大中丞、大方伯及各宪知遇，付以丽泽讲习之任。自惟浅陋，无以应友朋之求。谨参先民之成法，述一己之陋见，共相商榷而持行之。其目具列于左方。

古语有之，其为人而多暇日者，必庸人也。况既以读书为业，则当惟日不足，以竞分寸之阴，岂可作无益以害有益乎！或有名为读书，糜廪粟而耽棋牌者，即不敢留。至于剧钱群饮，猜令挥拳，牵引朋淫，暗工刀笔，亦皆禁止。盖鄙性拘方，不能曲徇也。

《诗》有之"朋友攸摄，摄以威仪"。无有不敬而能和者，倘或同群之中，谑浪笑傲，即隙之所由生也。甚至拍肩执袂，以为投契，一

---

① 朱汉民，邓洪波．岳麓书院史［M］．长沙：湖南大学出版社，2017：373．

言不合，怒气相加，岂复望其共相切磋，各长其仪乎！有蹈此弊者，亦不敢留。君子爱人以德，幸垂谅焉。

每日于讲堂讲经书一通。夫既对圣贤之言，则不敢亵慢，务宜各顶冠束带，端坐辨难。有不明处，反复推详。或炤所不晓者，即烦札记，以待四方高明者共相质证，不可蓄疑于胸中也。每月各作三会。学内者，书二篇，经二篇，有余力作性理论一篇。学外者，书二篇，有余力作小学论一篇。

炤止凭臆见丹黄，倘或未当，即携原卷相商，以求至是。更不等第其高下，伊川先生云"学校礼仪相先之地，而月使之争，殊非教养之道"，至哉言乎！四书为六经之精华，乃读书之本务。宜将朱子《集注》逐字玩味，然后参之以《或问》，证之以《语类》，有甚不能通者，乃看各家之讲书可也。次则性理为宗，其《太极》《通书》《西铭》已有成说矣。至于《正蒙》，尤多奥僻，尝不揣愚陋，为之集解，然未敢示人也，诸君倘有疑处，即与之以相商焉。其程朱语录、文集，自为诵习可也。

圣门立教，务在身通六籍，所传六经是也。今之举业，各有专经，固难兼习，然亦当博洽而旁通之，不可画地自限。乃若于六经之内，摘其堂堂冠冕之语，汰其规切忌讳之句，自矜通儒，皆蒙师世俗之见，不可仍也。试观御纂《周易折衷》，何字何句不细心玩索？以天纵圣学，而且如此，况吾辈乎？至于《周礼》，虽不列于学官，然实周公致太平之成法，亦尝集先儒之说为传，有相质证者，不敢隐焉。

学者欲通世务，必须看史。然史书汗牛充栋，不可遍观，但以《纲目》为断。至于作文，当规仿古文，宜取贾、韩、欧、曾数家文字熟读，自得其用。制艺以归、唐大家为宗，虽大士之奇离，陶庵之雄浑，皆苍头技击之师，非龙虎鸟蛇之阵也。论诗专以少陵为则，而后可及于诸家，先律体，后古风；先五言，后七言，庶可循次渐进于风雅之林矣。

《书》言"知之非艰，行之惟艰"。猩猩能言，不离走兽；鹦鹉能言，不离飞禽。为言而徒以诗文自负，何以自别于凡民乎！故学问思辨，必以力行为归也。力行之事多端，惟《白鹿洞揭示》及芝田《吕氏乡约》得其要领，他日当纂集而剖厥之，以公同好云。①

清朝乾隆十年（1745），湖南巡抚杨锡绂认为岳麓书院"聚一省之秀肄业其中，尤为各郡标准"，对岳麓书院的办学十分重视，因此制定《岳麓书院学规》，全文如下：

古称四大书院者，曰嵩阳、睢阳、岳麓、鹿洞，而岳麓、鹿洞均为子朱子、张南轩先生讲学之所。使者家江右之临阳，距鹿洞稍远，未得一至其地，浏览胜迹，歌咏遗风，景行之思，殆梦寐以之。今夏初，恭衔恩命，来抚是邦。窃幸岳麓一峰，屹然郡右，获以仰止先贤，归溯教泽，平昔所为梦寐鹿洞者，于兹足慰矣。下车旬日，即诣书院，展谒子朱子、张南轩先生祠，并课士其中，不揣固陋，当即进诸生申明义利之旨，晓以读书作文大意。诚以书院之设，所以讲明正学、造就人材，处则望重乡邦，出则泽施天下，非仅仅为工文藻、取科名、扬声誉已也。且地方大吏朝廷固以教养之责俾之，而书院聚一省之秀肄业其中，尤为各郡标准，则仰承圣天子德意，以实心相砥砺，使士知正学、人务实修，不溺于词章功利之习，而相勉于圣贤中正之途，用以风示各郡，俾观感兴起，渐次风移而俗易，固使者职分之所应为。而公余过从论说相长，于以检束其身心而增长其智识，则书院者又匪独诸生之所宜争自淬砺，即使者亦将藉是以沐先贤之遗泽于万一也。就平日揣测所及与所闻于父兄师友者，列为《学规》数条，愿诸生其敬听之，亦庶几行远登高之一助云尔。

一、立志

心之所之谓之志。志，气之帅也。志在南辕者必不肯北辙，则立

---

① 李文炤. 恒斋文集［M］. 四为堂藏版本.

志要矣。后世小学之教浸失，童蒙已无养正之功。弟子稍识字义，即令学为时文，所竞者纷华靡丽，所志者利禄功名，得之则以为喜，失之则以为忧，诘以在古人中欲学何等人，终身欲作何等事业，茫无以应，岂非志之不立哉！孔子曰："吾十有五而志于学。"程子曰："尚志。"周子曰："志伊尹之所志，学颜子之所学。"程子当十五六时，即以圣贤为必可学。朱子曰："而今贪利禄而不贪道义，要作贵人而不要作好人，皆是志不立之病，直须反复思量，究见病痛起处，勇猛奋跃，不复作此等人。"见得圣贤千言万语都无一字不是实理，方始立得此志。王阳明先生童时，即问其师读书欲何为。范文正公做秀才时，便以天下为己任。历观古圣先贤，未有不先立志者。知生晚近之世，资质已不逮古人，而又不知立志，譬犹操舟而去其舵，漂泊无定，且将覆溺于波涛浩渺之中，欲其安流自在，所向必达，此必不得之数也。诸生远来肄业，口诵先儒之书，已有年矣，试返此心，其果定志于圣贤之学乎？则益加精进，益加涵养，以求至于其极。如尚未有定志，则宜急反前日之沉迷，而力端今日之趋向。往可不谏，来犹可追。须知古来圣贤豪杰，人人可为，可惜为风云月露、利禄功名之念误了一生，致使七尺之躯，空与草木同腐。念及此，当与诸生一体通身汗下。

二、求仁

人生而五性具，曰仁、义、礼、智、信。而仁统四端，兼万善，尤为切要而当求。夫子虽罕言仁，究竟一部《论语》中论仁者不一而足。《孟子》则仁义为七篇枢纽。有宋诸大儒，于此一字尤辨之极其详，而疏之极其精。张南轩先生作《岳麓书院记》，惨倦以求仁之旨为提揭，其嘉惠后学之心，甚为笃挚。诸生诚潜心于关闽濂洛绪言，其于仁之一字，无患不明。然须是自己时时体认，方于身心有益，否则亦口耳之学而已。如仁者无私心，则必思我苟有一念之私，即非仁。仁者爱人，则必思我苟有一念之刻薄，即非仁。圣门诸贤言语、政事、文章卓绝千古，而夫子以为日月；至颜子复圣，夫子以为其心，三月不违，以至于子文，文子止许其忠清，而不许其仁。此等处须思仁者天理流行，无少间断，浑而合之甚难。赤子之心，纯一无伪，乍见孺子入井，皆有怵惕恻隐之心。于此等处当思仁本人心，而求之宜急。如此细心体认，加以勉强，克治之功，总不肯一时放下，一事忽略，才有个见地，有个把柄，不敢在嗜欲攻取中汩没一生。诸生慎勿以老生常谈，放其心而不知求也。

三、变化气质

阴阳，气也。人得之天地之气以成形。毗阴毗阳，高明沉潜，其大较也。《书》曰"刚克柔克"，此变化之说也。士子读书，须先以变化气质为要，而变化气质却甚难。毗阳之人，举止轻浮，言语躁妄，反以沉静简默者为拘板；毗阴之人，器局卑陋，言动琐屑，反以光霁磊落者为荡佚，此皆囿于气质而不知其偏，有老死而不能变者矣。即或知其偏，思有以调而剂之，而非时时提醒，念念把持，猝不及觉，旧病复发，仍是气质用事，终受气质之累。孔子曰："君子不重则不威，学则不固。"可见气质不好，即学问亦无益。谢显道一年工夫才去得一个"矜"字；吕东莱素褊急，一日读"躬自厚而薄责于人"，忽觉平日忿嚏涣然冰释。朱子以为能变化气质。张思叔诟仆夫，伊川曰"何不动心忍性"，思叔惭谢。可见古人于气质上是何等用工去变化他。诸生肄业书院，不患不能文，所患者不能变化气质耳。今为揭先儒两言，曰主静，曰持敬。能静则心鲜驰逐，而病痛自觉；能敬则随事捡摄，而偏私渐去。

四、正文体

自有制艺以来，名家林立，评选者亦指不胜屈，偶得一说，总不出古人议论之外。今必与诸生论文，如何而后工赘已。然两月以来，披阅诸生课艺，多恃记诵而不恃性灵，稍有笔姿可观者，亦于理法未细，则诸生于文盖未尝求工也。犹忆往时兼篆惠潮，序韩山书院课文云"不但人有君子、小人之分，即时文亦有君子，有小人"，颇为友人所是。今与诸生论文，亦别其为君子、小人而已。夫所谓君子之文者，本之经以植其根，稽之史以广其识，沉潜于宋元有明诸儒之绪论以淘其渣滓，而归于纯粹，其于法律，则一本先民而神明之。故其为文也，真足以阐发圣贤之精蕴，而自然不戾于绳尺。小人之文不然，根不深不知所以植之，识不广不知所以稽之。以一部体注为讲章尽头，而濂洛关闽之语录全不寓目，以时下墨卷为文章极则，而王王唐归胡之规矩并不留心。故其为文也，浮游而鲜实际，卑靡而无气骨。同一时文，而所以为之者判若天渊，亦由君子、小人，衣冠面目未尝不类，而其居心则如水火冰炭之不相入也。愿诸生做人以君子为法，以小人为戒，作文亦力趋君子而严绝小人，将见仁义之人，其言蔼如也，区区制艺云乎哉！①

清朝乾隆十三年（1748），王文清掌教岳麓书院时期，在前儒所制定的"学规""学则"等基础上，制定了新的"学规"，提出了为学的内容与标准、方向和方法，为岳麓书院当时良好的院风、学风打下了基础。这一份"学规"被刻在石碑上，至今仍嵌于岳麓书院讲堂墙壁之上，为后人可见：

时常省问父母；朔望恭谒圣贤；气习各矫偏处；举止整齐严肃；服食宜从勤俭；处事毫不可干；行坐必依齿序；痛戒讦短毁长；损友必须拒绝；不可闲谈废时；日读经书三遍；日看《纲目》数页；通晓时务物理；参读古文诗赋；读书必须过笔；会课按刻早完；夜读仍戒晏起；疑误定要力争。②

清朝乾隆二十九年（1764）仲秋月上浣，王文清再主岳麓书院。他又以四言诗的形式，写了《岳麓书院学箴九首》，由受业门人黄明闲、胡朝仑等69人将其勒石嵌于讲堂后壁左侧。诗云：

---

① 杨锡绂. 岳麓书院学规 ［M］. 转引自邓洪波. 中国书院学规集成 ［M］. 上海：中西书局，2011：1039－1401.

② 丁善庆. 续修岳麓书院志 ［M］. 同治六年刊本.

告我同侪，学先孝弟。景彼古人，明天察地。随分自尽，殷勤问视。一念之诚，亦可养志。力学何为，变化气质。气质有偏，好恶斯僻。惩忿窒欲，式砭其疾。严肃整齐，下手要术。瞬息千里，曰勇曰谦。勇以进取，谦受益焉。匪甲匪胄，何以攻坚。不就规矩，不成方圆。士先有守，壁立万仞，可穷可达，君子所性。相彼腥膻，何如土粪。彼蚩者子，竟以身徇。攻错维何，慎择其友。岂无良苗，杂彼稂莠。近墨者缁，十有八九。愿得同心，盍簪纳牖。裘马翩翩，识者所丑，饭可断荠，襟可见肘，并力购书，百城富有。可以乐饥，千秋尚友。日月不灭，万古六经。囊括万有，韬孕经纶。史书廿二，纲目星陈。如何不学，长夜迷津。人求多闻，时惟建事。治事有斋，苏湖之制。礼乐兵农，经天纬地。错节盘根，用无不利。岂无虚车，偶游诗赋，骚耶辨耶，亦李亦杜。维三百篇，风人之祖。勿写佚情，名教是辅。[1]

在读书法上，王文清、制定了《读书法九则》：

读书要专。将身收在书房中将心收在腔子里，所谓专心致志也。

读书要简。用心太劳，则神疲而不能久。朱子所谓合看两件，且看一件；合读四百字，且读二百字，可见贪多不得。

读书要极熟。熟则与我心相入，即已读者冷如冰，未读者热如火，还要把冷的再读。

读书要立志。誓愿必坚，局面必大，度量必宽，不可作小小收场、草草结果之想。

读书要看书。得解须从圣贤赤心中领略真脉，又于有字处悟到无字处，又于博中说约，或章中寻一句，或句中寻一字，才得担斤两之处，才有把捉拿手。

---

① 朱汉民. 岳麓书院［M］. 长沙：湖南大学出版社，2011：115－116.

读书要养精神。一切戕贼身心之事猛力扫除，以全副精神赴之，必势如破竹矣。

读书最要穷经。六经是无底之海，奇文妙理，日索日出，万变不穷。学者当以此为水源木本，不可畏难。

读书要看《史鉴》。上下千古既可发其议论，亦可长经济之才。

读书要下笔不俗。董思伯所谓不废辞却不用陈腐辞，不越理却不谈皮肤理，不异格却不立卑琐格是也。

以上诸条皆先贤及前辈所传，文清约摘于此，以公同志云。①

在经、史学上，王文清亦制定了《读经六法》"正义、通义、余义、疑义、异义、辨义"，与《读史六法》"记事实、玩书法、原治乱、考时势、论心术、取议论"。②

乾隆十九年（1754），旷敏本始掌教岳麓书院，他对岳麓书院的贡献，主要是继承了前届山长王文清以"学箴"教育学生的方法，又增订了六条"箴规"，形式也是"四言诗"，大题目为《六有箴》。下分"言""动""昼""宵""息""瞬"六个方面。

言有教：立言垂教，片辞居要。守口如瓶，常思可道。居业立诚，反是则躁。吐辞为经，原本忠孝。上系朝廷，下关学校。出身加民，千里则效。信若蓍龟，懔如训诰。非法不言，圣谟是效。

动有法：一身之动，吉凶恒共。非法不行，非几勿贡。如涉春冰，属属洞洞。毋曰幽隐，居独若众。外无招尤，内常自讼。宁方无圆，伦虑皆中。泰山乔岳，差堪比重。时止时行，祥麟威凤。

昼有为：众万杂糅，人得其秀。君亲生成，恩同高厚。夜气清明，梏亡旦昼。子渊有为，聿追虞后。焚香告天，百为无疚。心与身仇，

①　王文清. 读书法九则. 转引自陈谷嘉，邓洪波. 中国书院史资料：中册［M］. 杭州：浙江教育出版社，1998：1590.

②　丁善庆. 续修岳麓书院志［M］. 同治六年刊本.

功无渗漏。日就月将，鼎新革旧。视履考祥，自天福佑。

宵有得：万籁寂寥，结念云霄。惜阴待旦，秉烛焚膏。砥节砺行，冥冥昭昭。行道有得，娱兹清宵。梦寐见旦，羹墙见尧。孔颜乐处，曲肱箪瓢。环堵一榻，物与民胞。中夜起舞，性地嚣嚣。

息有养：今来古往，下天下壤。半子循环，一元鼓荡。一息百年，系于所养。养气养志，功无助长。终食乾乾，七日晃晃。息之深深，体胖心广。冰鉴比莹，玉壶共朗，逝者如斯，会心川上。

瞬有存：贞元迭运，光阴电讯。人参两大，实惟方寸。敬胜义胜，心源相印。作圣作狂，判于转瞬。利善之间，朝跖暮舜。闲邪存诚，窒欲惩忿。临渊履冰，功归戒慎。人禽几希，勉强学问。①

乾隆二十六年（1761），陈宏谋抚湘。第三年正月，陈宏谋颁布了《申明书院条规以励实学示》，进一步阐明了岳麓书院的各项条规，对书院的招生、考课、学习内容、读书方法、经费管理等诸多方面做了详细的规定。

楚南地方，川岳钟灵，人材辈出。岳麓书院为先儒讲学名区，规模宏备，遗泽犹存。圣祖仁皇帝颁赐"学达性天"匾额于前，我皇上颁赐"道南正脉"匾额于后，又屡颁上谕，令诸生仿鹿洞之遗规，示以入德之方，为己之要。诸生肄业其中，果能敬守训谟，切己体察，自能学有成就。历任院司每年延聘名师，加意督课，规条业已详备。因岳麓书院隔江稍远，移近城南，继以岳麓胜迹不宜废置，仍移旧地。其城南书院专课童生，旋以诸生中有不能远赴岳麓者，分额于城南书院，一体肄业，无非鼓舞造就之意，第两番改移，一切支销，前后定议间有互异。两处经费牵混不清，必须通盘筹画，量入为出，方可经久遵行。今本部院与学院及司道相商，就中参酌，汇定规条，总期诸生键户敬业，共惜分阴，仰副我皇上乐育人材之至意。两处经费支销

---

① 旷敏本．岣嵝鉴撮［M］．光绪二十八年澹雅书局刊．

另行开列，所有书院条规开列于后：

岳麓书院定额正课五十名，附课二十名。候本部院行各属保送，或由学院考取移送。其零星赴辕求取者，一概不准。乡试之年，增正课二十名，附课十名。城南书院定额正课生员二十名，童生二十名，乡试之年不增。

每月官课一次，掌教馆课一次。初三日官课，十八日馆课。凡官课前一日，教官赴衙门请题。课之次日，即将课卷封送较阅评定。凡馆课，均归掌教出题评阅。正月入馆，自二月为始，每年岳麓官课，首院，次藩司，次臬司，次粮道，次盐道。学院在省，请示考课，各道在省，听其随时考课。城南书院官课，一府两县以次轮课。本部院于十二月将两书院生童传齐汇考一次，核其有无精进，以定次年去留。城南书院生员中有佳者，送入岳麓书院。

每课四书文一篇，或经文、或策、或论一篇，诗一首。策则古事、时务，论则论列史事古人，或《小学》《性理》《孝经》，总不仍出拟题。间于四书文一首之外，出经解一首，或长章几节，或经中疑义，每首约三百字以上。

每月初三、十八日课文，初二、十六日上堂讲书。不拘四书、五经、诸史，诸生有独得心解者，录出送掌教就正；有疑者，不时登堂质问。

每值课期，教官黎明击点。诸生出堂，向掌教三揖，向教官三揖，就坐。教官将大门封锁，并将各生书室关锁，然后命题。将晚投卷，不给烛。是日各将茶饭送至堂上，不许私入书室。有私入书室者，其卷不必呈阅。不完卷者不阅，雷同者不录，两次不完卷者扶出。正课全给膏火，附课亦半给膏火。课期饭食，听其自备。

诸生告假，登记簿籍。每月许给假二日，三日以内销假，仍给膏火，第四日停给膏火。余日不许出院。如有紧要家务，为日迟久者，呈明给假，不给膏火。凡告假、销假，均向教官登簿稽考，不登簿告假而擅出，以犯规扶出。

诸生各立功课簿一本，将每日清晨、午间、灯下功课逐一开入。如理经史何书，于何起止，理古文某篇，诗某首，或学书临某帖，据实登填，听掌教不时抽阅叩问，并候本院不时取阅。总期靠实，难容捏饰。有捏填者，自欺欺人，甘心暴弃，以犯规扶出。

诸生于所读书内，有嘉言善行，不拘长短偶句，各就心之所晓，意之所喜，随时录写，或贴之壁间，或书之简册，积少成多，自己可以触目会心，展玩绅绎，师长即此足以觇其志趣。有善书者，即可代人书之联幅。此《易》所谓"多识前言往行，以蓄其德"，《中庸》所谓"择善同执"之切实工夫也。

乡试第二场专试经义，不比从前附在头场，仅出拟题。诸生所习本经，务须熟读，逐句逐字讲解明透，纵遇枯冷之题，不失经旨，即出长章大节，尤有结构。嗣后官课、馆课，俱不出旧拟经题，各宜潜心研求，不可仍前止看拟题也。

诸生于兼经亦宜讲解，《性理》《小学》《近思录》《大学衍义》不时讲读，《纲目》、诸史、《三通》各量资性以为多寡。经则有御纂诸经，史则有钦定史、鉴，古文则有《钦选古文渊鉴》《钦选唐宋文醇》，诗学则有《钦选唐宋诗醇》，皆宜诵读。仿照《读书日程》，限定功课，月计不足，岁计有余。每日每月皆不离经史，工夫日有知而月无忘，此为好学，诸生毋以迂远而忽之。

每逢朔望，黎明击点，诸生齐集，听教官率领，随从掌教赴文庙行三跪九叩礼，再赴朱张祠、六君子祠、道乡祠行一跪三叩礼，再于讲堂向掌教三揖，并向教官三揖，诸生相对各一揖。平时，诸生不得无故相聚游谈，有旷课业，更不得戏谑非诮，有伤雅道。有为樗蒲之戏者逐出。教官失察，记过。

每次课卷发下，教官以次订为一本，令诸生转相阅看。看毕，然后各自领归。名次列后者，阅前列之佳卷批点，即以广自己之识解，不可生忌刻之心，而以为不欲看也。前列者亦应阅落后之卷，以知此题文原易有此疵病。此孔子择善而从，择不善而改，无往非师之道，三人行且然，况同学至数十人，其师资不更广乎？

不拘何衙门及馆师课卷，出榜给赏之后，即封送本部院阅看，再发诸生轮看、分领。仍将某衙门及馆师某月日考课，先列题目，次列一二三等，备造一册，送本部院，以备查阅。

岳麓山居静僻，乃师生潜修之地，非城市要津冠盖往来者可比。且一江阻隔，风信不常，舟车亦多不便。在城各官偶一往看，并验诸生课业，此学东之谊应尔，非专拜望掌教也，不敢有劳回拜。诸生亲友尤禁往还，有拜望者，门役不许转传。诸生虽不告假，而过江拜望亲友，朝去夕还，妨一日之课，尤应禁绝。城南书院近在城内，若开应酬之端，必妨课业，亦应一体照行。

书院内所贮御纂经史并古今人文集、通省志书，皆历任院司陆续备贮，听诸生随时取阅，用资诵习，增广学识。责成教官造册存查。师生取阅，登号记数，阅后缴还销号。有未缴者，每年散馆时，教官查收销号。或遇各衙门取阅，一体登记，送回注销，有未送回者，遇岁底或升调离任，教官开单禀请发还。凡教官交代，照册接收，通报院道存案。如有遗失，即着前管之教官赔补。续颁之书，亦照登册办理。

以上各条，皆书院中所宜循名责实切近可行者。至于读圣贤之书，贵身体而力行，由善身而善世，为学期有实得，行己首在明伦，壁间之《鹿洞学规》业已该括无遗。其经学、史学、文体、诗学入手工夫，讲求正派，掌教定有循循善诱之方。在诸生切宜虚心领会，实力加功，切己体察，毋徒涉空谈，毋辄自满足，庶几日新月异，不愧有用之实学，足备朝廷之擢取，本部院暨司道等均有厚望焉。

岳麓、城南两书院核定经费，一并列后：钦赏及借司公帑原本银四千两，发交汉镇盐商生息，每月每两收息银二分，每年纳息银九百六十两，以作正膏火之用。又提节年余息银二千五百两，发交湘潭县典商生息，每两每月收息银一分五厘，每年纳息银四百五十两，以作加增膏火之用。二共每年收息银一千四百一十四两，盐道每年按季径发经管书院之教官查收，分别致送散给，不必由府转发，徒多转折。每季教官将收支数目册报盐道，如有节省多余，盐道即于下季银内扣留饬发。如教官有短平扣克侵挪之弊，详报参处。

岳麓书院掌教每年束脩银三百六十两，每月薪水银七两，每年开馆酒席银四两，生辰、端午、中秋、年节每节银六两，每年共四百六十五两。或遇另延，聘仪临期酌送。厨子一名，火夫一名，每月每名工食银六钱，每年共工食银一十四两四钱。

正课生员定额六十名，除度岁给假一月外，每名月给银一两，不扣小建，以到馆日起支。遇乡试之年，增额生员二十名，膏火与正课一体交给。无论原额、增额，各生乡试，每名给卷资银一钱二分。

附课生员定额十五名，每月课期二次，给纸笔银五钱。应一课者减半，不附课者不给。

看守书院门夫、堂夫共二名，每名每月工食银六钱。各斋共设火夫六名，每名每月工食银六钱。每年共需工食银五十七两六钱。

每月初三日官课，奖赏各自捐给。院课，一等首名奖银八钱，余名五钱，二等四钱。两司、两道课，一等首名奖银五钱，余名三钱，二等二钱。十八日馆课，奖赏之数与司道同，由教官动支经费。毋论正课、附课，凡考前列一体奖赏。一等不过五六名，二等倍之。

岳麓书院文庙春秋二祭，银一十四两。每月朔望，文庙、朱张祠、道乡祠、六贤祠、文昌阁五处香烛银共一两二钱。总共银二十八两四钱。

董理岳麓书院教官一员，每年膳资银三十六两。又学书一名，每年工食银六两。

驿道书办一名，承办文册，每年银六两。以上各项经费，核与息入银不甚相悬，未列入者不准滥支。每年生员进院迟早不齐，及各用节省常有多余，以所余之银为有闰及乡试年加增之费。

城南书院提出岳麓书院节年余息银二千二百两交商，每年纳息银五百二十八两，盐道亦按季径发经管书院之教官查收支给。其册报、查扣稽察，各照岳麓规条行。

城南书院掌教每年束脩银一百二十两，每年薪水银六十两，节仪一十六两，开馆酒席二两。厨役、火夫各一名，每名每月给银六钱，每年共需工食一十四两四钱。

正课生员二十名，除度岁一月外，每月每名给膏火银八钱。童生二十名。除度岁一月外，每月每名给膏火银六钱。各斋火夫三名门、堂夫二名，每年需工食银三十六两。

经管教官每年膳资银二十两。学书一名，每年银六两。

每月初三、十八日会课奖赏，一等首名银五钱，余名三钱，二等每名二钱。一等一二名，二等倍之。童生第一名赏银二钱。府县课期，各自捐给，馆师课期，动支经费。

以上经费，核与岁入息银不甚相悬，未列者不准滥支。

每年两书院共收学租谷五百二十一石四斗零，每谷一石碾米四斗四升，共碾米二百三十一石二斗零。应归经管书院之教官催收租谷碾米春熟散给，不必由府收放，惟责成稽查，如教官办理不善，详报参处。

岳麓书院掌教，每年十一个月，食米二十二石。

正课生员定额六十名，除度岁给假一月外，每名每月给食米三斗。遇乡试之年，增额生员一体给发，均不扣小建。附课者不给食米。

门夫、堂夫二名，各斋火夫六名，每名月给食米二斗。

城南书院掌教，每年十一个月，食米十六石五斗。

城南书院生员二十名、童生二十名，除度给假一月外，每名每月给食米三斗，不扣小建。

门、堂夫二名，各斋火夫三名，每名月给食米二斗。

以上两书院岁需米石，核计岁入租米，数有不敷，即以生童进院迟早节省之米通融支给，仍难敷用。虽现在积存之米尚多，然事期经久，必须熟筹充裕。查另有善化县学田二百二十四亩三分六厘，岁纳租谷一百七十六石四斗，原为修理书院之用，今可否一并归入岳麓、城南两书院，以供师生食米。统计两书院岁入银米，除常年及乡试之年支用外，多余之数，以充修理书院之用。现在另檄饬议。①

二、岳麓书院学规流变的特点

（一）精神永恒

岳麓书院学规虽然几经流变，但却是岳麓书院精神——价值关怀的人文精神和知识追求的学术精神——的永恒体现。因此，岳麓书院学规的精神也主要包括两大方面：一个是求道，即规定进德立品、修身养性的程序和方法，既多理性之分析与规劝，更重日用伦常规范的建立。另一个是求学，即指示读书、治学的门径和方法，教育学生要惜时励勤，如《六有箴》中"惜阴待旦，秉烛焚膏，砥节砺行，冥冥昭昭"。同时也十分强调学生的质疑精神，王文清在学规中要求学生"疑误定要力争"。体现质疑精神最具代表性的是王文清的《读经六法》，其中提到在正义、通义、余义之后则要疑义、异义与辩义。他认为遇到什么问题都要推敲推敲，要有自己的想法，然后要怀疑，最后还要把不同的异义拿出来辩论。相对于今天的某些"填鸭式教学"与"照本宣科式教学"，这是一种难能可贵的学术精神。

（二）因时制宜

作为千年学府，岳麓书院无时无刻不在接受时间的洗礼。不管是社会的大环境还是学院的小环境抑或是学生心理的微环境都在不断地发生变化。一套学规在经历了时间的冲刷之后难免被风化为陈规，不愿墨守，则必然需要修补或是更换。岳麓书院的学规也因此打上了因时制宜的烙印。如李文炤的学规与《白鹿洞书院揭示》相比较，李氏学规则具有更强的针对性。因为《白鹿洞书院揭示》原为朱熹为白鹿洞书院所作，更为贴近白鹿洞书院学生在当时的学习生活，而李文炤所制定的学规则是在其上任之后细心观察岳麓书院学生学习生活，根据当时学院特点所制，不仅与时俱进，更

---

① 陈宏谋. 培远堂偶存稿·文檄：卷四十八. 转引自陈谷嘉，邓洪波. 中国书院史资料：中册［M］. 杭州：浙江教育出版社，1998：1584.

是因地制宜、因事制宜，更具时代特征与地域特征。

（三）具体实用

岳麓书院学规的每一次流变，都使其从形而上的哲理气息愈向形而下的具体实用靠近。道理愈发少讲，而具体可操作性愈发加强。如王文清的学规中，并无抽象的哲理思辨，而是将孝、忠、礼、俭、廉、悌、义、节等传统美德都化作"时常省问父母；朔望恭谒圣贤；气习各矫偏处；举止整齐严肃；服食宜从勤俭；处事毫不可干；行坐必依齿序；痛戒讦短毁长；损友必须拒绝"① 等一条条具体可行的行为指导。在鼓励学生勤学方面，书院也是通过更多的具体的行为规范来指导。如李文炤的学规中提道："每日于讲堂讲经书一通""每月各作三会。学内者，书二篇，经二篇，有余力作性理论一篇。学外者，书二篇，有余力作小学论一篇"。② 王文清的学规中也提道："不可闲谈废时；日读经书三遍；日看纲目数页""会课按刻盏完；夜读仍戒晏起"。③ 所引导之细之具体都使得学规具有很强的可操作性和实用性。

三、岳麓书院学规"以理义悦其心"特点分析

岳麓书院历来以"传道济民"为教育宗旨，"道"即"理义"。因此，岳麓书院学规也注重以"理义"为核心，辅以"徽言"为载体，并最终达到"悦其心"的目的。

（一）以"理义"为核心

朱熹所说的"以理义悦其心"引自《孟子·告子上》中"故理义之悦我心，犹刍豢之悦我口"④。其中的"理义"指的是"社会的道德规范，行事准则"。岳麓书院学规虽然几经流变，但"以德育人"一直是其核心理念，处处体现了"学以德性为先"，规定了进德立品、修身养性的程序和方法。

---

① 旷敏本. 岣嵝鉴撮 [M]. 光绪二十八年澹雅书局刊.
② 李文炤. 恒斋文集 [M]. 四为堂藏版本.
③ 丁善庆. 续修岳麓书院志 [M]. 同治六年刊本.
④ 孟轲. 孟子 [M]. 长沙：岳麓书社，2011：202.

　　王文清手定的《岳麓书院学规十八条》中，一部分是道德修养，另一部分是学习态度和方法，前者强调德育，后者着重智育。二者之中，王文清更突出了德育，即使在讲学习方法的条文中也融合贯穿了德育的内容。李文炤平时于为人则注重立身、敦品、养性、治业，于为学则注重博学、审问、慎思、明辨、力行。其学规也就是这种精神的具体表现，强调"君子爱人以德"。旷敏本的《六有箴》中则通篇讲述修身养性之法。

　　在德性培育中，岳麓书院学规体现了对"交友"的重视。"近朱者赤，近墨者黑。"择良友对一个人德行的塑造是十分重要的。王文清的学规中明确提道："损友必须拒绝。"《岳麓书院学箴九首》中也用较多篇幅论述了如何择友及择良友的重要性。如："攻错维何，慎择其友。岂无良苗，杂彼稂莠。近墨者缁，十有八九。愿得同心，盍簪纳牖。裘马翩翩，识者所丑，饭可断荠，襟可见肘，并力购书，百城富有。可以乐饥，千秋尚友。"认为在择友时，不应该选择只知"裘马翩翩"，玩乐打扮的富家公子，而应该选择"以书会友""以德会友"，做到"谈笑有鸿儒，往来无白丁"①，那么即使物质生活窘迫，精神上也是富足的。"蓬生麻中不扶则直，白沙在涅与之俱黑"②，一个好的人际环境，能让人自然地成长为一个有德性的人，而在选择交友时，更应做到慎之又慎。

　　"为学进德，贵在笃行"是书院教育的优良传统。李文炤认为："《书》言'知之非艰，行之惟艰'。猩猩能言，不离走兽；鹦鹉能言，不离飞禽。为言而徒以诗文自负，何以自别于凡民乎！故学问思辨，必以力行为归也。力行之事多端，惟《白鹿洞揭示》及芑田《吕氏乡约》得其要领，他日当纂集而剖阙之，以公同好云。"③ 鹦鹉虽能说人话，却仍然只能是只飞禽，因为它不能为人事，为学者不能徒以诗文自负，所思所学之事最终要落在实践上，才能有别于凡民，知德明道却不笃行，是为伪善也。通过学规教导学生要知行合一，鼓励学生把所学所养之德付诸实践。

---

　　① 董诰，阮元，徐松，等. 全唐文 [M]. 北京：中华书局，1983：1068.
　　② 荀况. 荀子 [M]. 合肥：黄山书社，2012：286.
　　③ 李文炤. 恒斋文集 [M]. 四为堂藏版本.

（二）以"徽言"为载体

岳麓书院学规在以"理义"为核心的同时，还注意语言的表达。尽管"学规"二字中"规"字通常喻义为"规定""规矩"，但岳麓书院的学规中却极力避免出现"禁止"等字眼，更多的是"规劝"，意在使话语更为温婉，更易为学生所接受，以"悦其心"。

李文炤上任岳麓书院山长所办的第一件事就是抓学规的制定，他把修订学规当作被委任为山长的应尽之责。他在序言中说："以菲材，谬承大中丞、大方伯及各宪知遇，付以丽泽讲习之任。自惟浅陋，无以应友朋之求。谨参先氏之成法，述一己之陋见，共相商榷，而持行之。"语言极尽谦卑，由此可以窥见他是将自己放在一个师长、服务者的位置，而不是一个高高在上的管理者，其所制定的学规更是一种"事其心"的"温温乎先民之徽言"，是一种严肃而不失婉约之特点的劝勉式学规。没有单纯地限制学生该做什么不该做什么，该怎样做不该怎样做，也没有用死板的条文消极地制约学生的行为，而是联系学生的实际，力求启发学生的自觉性与能动性，强调的是对道德教育及为学的共同研读及倾心交流。

《岳麓书院学箴九首》中第一句"告我同侪"中的"同侪"，在古代则是指"与自己在年龄、地位、兴趣等方面相近的平辈"。从这两个字中可以看出王文清作为一个山长在制定学规时并没有一种从上而下的管理的优越感，而是以探讨勉谕的态度，请"同侪"一起努力，对学生表达了极大的尊重与诚意。这样朴实近人的学规无疑更加具有人情味，也更容易为学生所接受与执行，也更容易发自心底地接受。

（三）以"悦其心"为目的

在岳麓书院学规理义的熏陶下，岳麓书院不仅学风清明，教化乡里，更涌现出一大批"传道济民"的思想家，如"六经责我开生面"的王夫之，"师夷长技以制夷"的魏源等。他们不仅为岳麓书院学规"以理义悦其心"，更潜心著述，经世致用，为后世留下一大笔宝贵的精神财富，且以理义悦世人心。

岳麓书院同样把"爱国"作为"为民"之道之理义来强调。岳麓书院教育生徒并非志于"学而优则仕",求得功名利禄,而是有对国家的一份责任心,并形成了有关爱国教育的优良传统。于是有了宋元之际,元兵攻打长沙,"长沙之陷,岳麓诸生荷戈登陴,死者什九!惜死者姓名多不可考"①的壮烈举措。在历史长河中更涌现出了大批的经世纬国之材,如"干国良臣"陶澍,"生平取与、一准于义"的贺长龄等。

第二节 考课

考课是岳麓书院对生徒所进行的道德行为和学业层面的考核,根据考核的结果决定是升是降,是奖励还是惩罚的制度。它起源于唐代集贤书院"月终则进课于内,岁终则考最于外"②,之后不断发展成熟,形成一项完整的制度,这项制度以学业和德行为两大考试内容,在岳麓书院广为沿用。

一、考课内容

古希腊哲学家苏格拉底认为:"美德即知识。"他认为,知识是一切美德的基础,知识贯穿于一切美德之中。现代心理学认为,人的品德结构包括"知、情、意、行",其中,"知"是基础,"行"是关键。岳麓书院在继承吸收儒家道德教育的前提下,同时也非常重视生徒的理论知识学习。因为个人在进行修养之前首先就要习得相应的知识,因此岳麓书院十分重视生徒对知识的学习,同时强调通过考课的方式来检验生徒的学习成果,并通过考课相应的奖惩机制对生徒的学习成果进行进一步强化。

岳麓书院平时的考课主要包括学业考课与德业考课。学业考课的主要

---

① 黄宗羲. 宋元学案 [M]. 北京:中华书局,2013:1263.
② 陈谷嘉,邓洪波. 中国书院史资料:上册 [M]. 杭州:浙江教育出版社,1998:31.

内容包括四书五经、历史典籍、诗词歌赋、写作技能等，鸦片战争以后，考课内容增加了自然科学与西学；德业考课的主要内容则是考查学生的道德修养、人伦纲常、为人处世等。

如陈宏谋在其颁布的《申明书院条规以励实学示》序言中指出："楚南地方，川岳钟灵，人才辈出。岳麓书院为先儒讲学名区，规模宏备，遗泽犹存。圣祖仁皇帝颁赐'学达性天'匾额于前，我皇上颁赐'道南正脉'匾额于后，又屡颁上谕，令诸生仿鹿洞之遗规，示以入德之方，为己之要。诸生肄业其中，果能敬守训谟，切己体察，自能学有成就。"① 其中规定岳麓书院当时的考课内容为："每课四书文一篇，或经文、或策、或论一篇，诗一首。策则古事、时务，论则论列史事古人，或《小学》《性理》《孝经》，总不仍出拟题。间于四书文一首之外，出经解一首，或长章几节，或经中疑义，每首约三百字以上。"②

二、考课形式

（一）主要考课形式

岳麓书院主要的考课形式分为"官课"与"馆课"，其中"官课"是官府主持的考试，出题、判卷和奖赏都是由官府决定。馆课是由书院老师主持的考试。此外，考试的时间也有着一定的差别，分为日课、月课、季课、春课和秋课。而具体的制度根据书院的情况来制定，如清代主要分为官课与馆课，馆课即每月十八，由书院掌教出题，题型多为四书文一篇，或经文或策论一篇或诗一首。③

如陈宏谋在《申明书院条规以励实学示》中规定："每月官课一次，掌教馆课一次。初三日官课，十八日馆课。凡官课前一日，教官赴衙门请题。课之次日，即将课卷封送较阅评定。凡馆课，均归掌教出题评问。正月入馆，自二月为始，每年岳麓官课，首院，次藩司，次臬司，次粮道，次盐

① 陈吉良. 清代湖南书院课程研究［D］. 长沙：湖南大学，2009：28.
② 陈谷嘉，邓洪波. 中国书院史资料［M］. 杭州：浙江教育出版社，1998：1584－1590.
③ 周文娟. 清代湖南书院考试研究［D］. 长沙：湖南大学，2009：52.

道。学院在省，请示考课，各道在省，听其随时考课。城南书院官课，一府两县以次轮课。本部院于十二月将两书院生童传齐汇考一次，核其有无精进，以定次年去留。城南书院生员中有佳者，送入岳麓书院。"①

(二) 其他考课形式

1. 践履考评法

南宋学者家朱熹曾说："盖识见既浅，践履必薄，规为必粗。"作为理学家，朱熹在讨论穷理与践履的关系时，强调必先明理而后践履。理论指导实践，但是同时实践也是验证理论学习的标准。德育过程是培养学生道德知、情、意、行的过程。道德行为的出现与稳定与否，才是检验道德教育的关键标准。现代的道德教育大都只注重知识和理论的考核，而很少有对道德行为践履的考核，这样既不符合道德品质形成的规律，也没有体现德育的实践性。

不同于学业的成果，道德教育的效果更多地体现在言行举止之中，因此，岳麓书院通过考评生徒的行为践履来进行道德考课。引导生徒通过"知""行"统一进行道德修养，是提高德育实效性的重要举措。道德实践的考核，不再仅仅是给诸生传授正确的道德知识，考察他们对道德修养理论的理解和把握情况，更要注重与日常操行、社会实践结合起来进行综合考核。

2. 记录簿考评法

因此，岳麓书院利用记录簿来检查或考核生徒德业进修状况。记录主要就是将书院取得的活动结果的实际情况进行阐述，并当成是今后活动的一种证明，是一种特殊的文件形式，能够为符合要求的过程提供有效证据。发掘记录簿这一优点，要求生徒"置一劝善规过簿，详列其目，简而不略，要而易遵，监院掌之，各斋之长纠察众友之善过而登记之，以每月朔望会讲呈之院长，面加劝警焉"。这种利用记录簿抽查德业进修情况的方法，起到了督促作用，这种记录簿具有"积日求之，逐事而稽之，知其所亡，无忘所能，为者不畏其难，教育考其实，徒有其程也，匠有矩也"等优点，

---

① 陈谷嘉，邓洪波. 中国书院史资料 [M]. 杭州：浙江教育出版社，1998：1584–1590.

具有很好的可操作性，得到了大部分书院的赞扬和支持。

这种记录簿考于平时，要求仔细反思是否做到"父子有亲，君臣有义，夫妇有别，长幼有序，朋友有信"等"为学之目"，以考德簿登记，意在扬善改过，这也正是"圣门设教，文行兼举，学台较士，德艺均崇。诸生读圣贤书，所学何事，伦常大节，虑无不斤斤自饬也审矣"的本意和教育旨趣。

3. 日记考评法

古代士大夫早有使用日记督促进德修身的记载。道德修养体现在生活的一点一滴之中，而日记恰好具有记录详尽这一优点。岳麓书院对其生徒的道德要求非常严格，因而使用道德日记簿等来考查其道德修养状况，要求"诸生各立日课簿，每日将用过工夫登簿内……果能敬守训谟，切己体察，自能学有成就"①。即要求生徒将每天观察到的事情、发生的事情、解决的事情酌情记下来，尤其要求将生徒自身的思考、感想和活动等记录下来。

岳麓书院实行簿书登记制度，要求生徒对德业状况进行跟踪记录。日记记录诸生每天德业进修的状况，是诸生一种将自己的内心感受诉诸笔墨的最隐私的表达方式。生徒"果能敬守训谟，切己体察，自能学有成就"②。通过日记，诸生可以对自己的修德进行全过程控制，确保其清晰、易于识别和回顾反思，有利于提高自我完善的针对性和有效性。③

三、考课奖惩

岳麓书院德业考课后一般都有奖惩措施与之匹配，以进一步鞭策生徒改过迁善。奖惩分为物质与精神奖惩两种。

物质奖励有钱、米、提供住宿等。岳麓书院直接对优异生徒实行金钱奖励，例如，增加膏火费等。因为学生大部分出身贫寒，需要依靠书院的资助才能够完成学业，而向学生发放的生活费"膏火费"直接和德业成绩联系在一起，按照学生的德业成绩来发放。如果学生荒废学业的话，岳麓

① 朱汉民，邓洪波. 岳麓书院史［M］. 长沙：湖南教育出版社，2013：413.
② 邓洪波. 湖南书院史稿［M］. 长沙：湖南教育出版社，2013：413.
③ 唐亚阳，吴增礼. 中国书院德育研究［M］. 北京：人民出版社，2014：128.

书院就会扣除他们一部分的膏火费。反之，成绩优异者增加"膏火费"。

膏火是古代书院比较通行、直接、有效的奖励手段。生徒入院肄业，无需自备生活费，书院定期发放膏火。膏火，本指膏油灯火，宋元以来，成为书院、官学等用来发给生徒的日常生活费。尤其是清代，由于官学出现严重的弊病，越来越多的读书人投奔书院，同时书院为吸纳士人入院读书、考课，一再增加生徒膏火。湖南的书院用以支付生徒膏火的方式主要是钱米，奖励谷米与当时湖南区域特点有关，清代湖南垦田、耕作技术提高，农作物种植得到很大的发展。当然一些经费充裕的书院也会给生徒膏火钱。奖励多寡与生徒身份有关，一般生监与童生奖资有别，同时书院所属的层次不同，膏火多寡也不尽相同。岳麓书院规定，"正课生员定额六十名，除度岁给假一月外，每名月给银一两，不扣小建，以到馆日起支"①。

精神奖惩有警告、除名或变更生徒身份等。岳麓书院进行升降奖励，依照德业考课成绩来变更生徒正、副、额外等资格。值得注意的是，这类升降等变更身份的奖励只在童生与童生、监生与监生间进行。岳麓书院还设立了一些职位奖励诸生，让生徒担任。据《岳麓书院志》记载，书院"副讲"，其职责是协助山长"批阅文字，辨析疑义"；书院"堂长"，其职责乃是"立诱调和院中学徒，尊巡行督视课业勤惰"，相当于学校辅导人员；这些职位由"主院、副讲选择学徒之优者为之；不称则更易"。书院"管干"，其职责是"专管院内一切收支出纳，米盐琐碎，修整部署诸务"，相当于今日学校总务后勤人员，也是任用优异学生担任。"即于院中择有才而诚实者为之，不称则更易。"书院"典谒"，是专门设置的接待人员，也是"择院中言貌娴雅者充之，按季更易"。还有书院"引赞"，其职责是"以备上司谒圣引礼"，相当于旧社会的礼生，也是"择院中学徒为之"。②

如在陈宏颁布的《申明书院条规以励实学示》中规定了考课的程序和奖惩措施："每值课期，教官黎明击点。诸生出堂，向掌教三揖，向教官三

---

① 陈宏谋．培远堂偶存稿·文檄：卷四十八．转引自陈谷嘉，邓洪波．中国书院史资料：中册［M］．杭州：浙江教育出版社，1998：1584．
② 唐亚阳，吴增礼．中国书院德育研究［M］．北京：人民出版社，2014：130．

揖，就坐。教官将大门封锁，并将各生书室关锁，然后命题。将晚投卷，不给烛。是日各将茶饭送至堂上，不许私入书室。有私入书室者，其卷不必呈阅。不完卷者不问，雷同者不录，两次不完卷者扶出。正课全给膏火，附课亦半给膏火。课期饭食，听其自备。"

考课奖赏方面规定："每月初三日官课，奖赏各自捐给。院课，一等首名奖银八钱，余名五钱，二等四钱。两司、两道课，一等首名奖银五钱，余名三钱，二等二钱。十八日馆课，奖赏之数与司道同，由教官动支经费。毋论正课、附课，凡考前列一体奖赏。一等不过五六名，二等倍之。附课生员定额十五名，每月课期二次，给纸笔银五钱。应一课者减半，不附课者不给。""不拘何衙门及馆师课卷，出榜给赏之后，即封送本部院阅看，再发诸生轮看、分领。仍将某衙门及馆师某月日考课，先列题目，次列一、二、三等，备造一册，送本部院以备查阅。"①

可以看出，岳麓书院非常重视德业的考课与奖惩。如果说考课是对生徒思想言行是否合乎道德纲常的记录与评定，那么奖惩制度则是对考课的事后落实。二者相辅相成，确保书院德业考课的顺利运行。

岳麓书院的各任山长都比较重视生徒参与科举考试，如康熙二十三年（1684），巡抚丁思孔重修书院、招收生徒、增设膏火，"乙丑秋仲，而圣殿、两庑、斋舍成，招致生徒肄业其中。设赡饩廪，每月课试者三，手自丹黄甲乙之，为多士劝。越丙寅，而高明、中庸诸亭又成，藏修有所，游息有寄，负笈来学者日益众"②。在公务之暇，丁思孔还亲临书院课试生徒，鼓励后进。为提高生徒的应试成绩，他亲自编辑了《岳麓书院试牍》，时任山长的郭金门认为此书"风起文澜，・笔 削，点墨成金"③。教导书院生徒如何应对科场竞争。这些措施在很大程度上提高了湘省生徒中举的比例，"甲子初春，丁大中丞公来抚楚南，于拊摩凋瘵之余留心学校，以振兴鼓舞

① 陈谷嘉，邓洪波. 中国书院史资料［M］. 杭州：浙江教育出版社，1998：1584 – 1590.

② 吴道行，赵宁，等修纂；邓洪波，杨代春，等校点. 岳麓书院志［M］. 长沙：岳麓书社，2012：431.

③ 杨布生. 岳麓书院山长考［M］. 上海：华东师范大学出版社，1986：81.

之。是秋，湖南获隽者，竞得一十七人"①。此次科场的胜利极大地鼓励了湘省大员，"嗣后，复集所部子弟员，拔其尤，纳之书院，使卒其业。命宁司董戒之役。宁（赵宁，时任长沙府知府）不揣谫陋，从公鞭弭，得与诸缝掖相周旋者两年于兹。月辄一试，糊名而进，公目览手衡，随置甲乙"②。正是由于地方官员的努力，岳麓书院生徒的应试能力得到很大的提升，让他们能在激烈的场屋争斗中占有一席之地。岳麓书院生徒取得的好成绩也引起了其他省份生徒的羡慕和钦佩，他们闻风而来，特别是闽浙这些科举大省的生徒，"由是远方学者文风向往，虽远如江南、闽浙，亦不惮重茧而至，其鼓箧操觚，极一时人文之盛"③。说明岳麓书院培养人才的方式已经得到了广泛的认可。

书院考试除了举业，还注重对生徒德行的考核。道德教育是书院的突出特点之一，书院对生徒的品德修养、言行举止都有具体要求。为规范生徒的德行，书院制定学规、条约要求生徒遵守。最具代表性的要算朱熹订立的《白鹿洞书院揭示》，内容关乎人伦、为学、修身、处事、接物，其他书院一般都遵照《白鹿洞书院揭示》来规定生徒的行为。清政府也曾对书院生徒的选择标准作了详细规定："负笈生徒……其恃才放诞不羁之士，不得滥入。"④

---

① 吴道行，赵宁，等修纂. 岳麓书院志［M］. 岳麓书社，2012：452.

② 吴道行，赵宁，等修纂. 岳麓书院志［M］. 岳麓书社，2012：452.

③ 吴道行，赵宁，等修纂. 岳麓书院志［M］. 岳麓书社，2012：453.

④ 周文娟. 清代湖南书院考试研究［D］. 长沙：湖南大学，2009：52.

第五章
岳麓书院德育的环境

　　大到宇宙，小到角落，不管是自然环境，还是人文环境，人周围的环境总以直接或间接的方式对人的身体、心理产生着种种明显或微妙的影响。儒家历来注重"天人合一"，这也是岳麓书院在建筑环境方面最注重的理念，如书院的选址讲究依山傍水，书院的建筑讲究幽静风雅等。同时，岳麓书院还注重营造言传身教、民主平等的人文环境。物质环境的构造与人文环境的养成，与书院德育知识传授、制度约束等结合，构建了一个全方位、多层次的德育体系。

第一节　风雅幽静的建筑环境

　　建筑本身具有伦理功能，在古代中国，虽然极少有关于建筑伦理功能的学术研究，但传统建筑却十分注重伦理性。岳麓书院作为千年庭院，以传道济民为宗旨，其建筑具有较强的伦理性和一定的隐性德育意蕴。

一、传统建筑文化的伦理性内涵

　　早在 20 世纪 70 年代，建筑伦理作为一种专门的学术研究领域已滥觞于西方国家，其中较具代表性的观点如美国学者卡斯腾·哈里斯的著作《建筑的伦理功能》认为："建筑是人类利用符号和象征来表现精神追求以及理想生活的重要途径，从而表现其社会特定的'精神气质'。"① 在此书中，他详尽论述了建筑的伦理意义及在人们生活中的伦理责任。

尽管关于建筑的伦理功能的系统性研究在中国兴起不算太久，但在古代，建筑早已成为宣扬传统伦理的"无言的教化者"。中国传统建筑伴随着中华民族的漫长发展，儒、释、道、风水等文化深深烙印其中。从原始社会对天的崇敬到河图洛书，中国人一直有着"顺天"的思想。董仲舒的"天人合一"奠定了儒家的地位。自此以后，儒家思想中的尊卑有序、礼乐相成就成了中国传统建筑中最重要的理论依据。老子云："人法地，地法天，天法道，道法自然。"② 道家主张崇尚自然，中国传统建筑则多注重因地制宜。不仅古代道观，甚至古代大多数书院多建于山上，依山傍水，鸟语花香，宁静致远。中国传统风水理论讲究五行相生相克。因此，大到都城宫殿，小到民宅房屋，其朝向、大小、结构等都注重"上合天地阴阳之数"，以求成就万年基业。③

建筑的伦理性内涵，使其具有了隐性德育的功能，虽然这一功能隐蔽而抽象，却能对身处其中的人产生不可低估的影响。正如学者赵鑫珊所说："一座典雅、高贵和气派的建筑，应像晨钟暮鼓那样，它日日夜夜、月月年年在提示该城市的广大居民，教他们明白做人的尊严和生命的价值；教他们挺起胸来走路，堂堂正正地做人，这才是建筑的精神功能。"④

中国古代书院建筑，作为中国传统建筑之一，既遵循了中国传统伦理文化中"礼乐制度"的思想。同时，作为古代教育机构之一，其同样注重运用建筑的隐性德育功能，从整体布局到装饰细节等，无不彰显着敦儒促教的主题意蕴。作为中国古代四大书院之一的岳麓书院，更是以传道济民为主旨，并将这一主旨体现在其建筑的每个角落，这对现代大学校园隐性

① 卡斯腾·哈里斯. 建筑的伦理功能 ［M］. 北京：华夏出版社，2001：18.
② 老子. 道德经 ［M］. 北京：中国画报出版社，2012：2.
③ 胡勤. 中国传统建筑的伦理意蕴 ［D］. 长沙：湖南师范大学，2010：16.
④ 赵鑫珊. 建筑是首伦理诗 ［M］. 天津：百花文艺出版社，1998：63.

德育功能的发展有着很大的启示意义。

二、岳麓书院建筑的隐性德育意蕴

岳麓书院，背依巍巍岳麓山，前俯泱泱湘江，后托树林茂密的清风峡，前面天马山和凤凰山分峙两边，整座书院以东西纵向中轴线为核心，层层递进，组织了教学区、祭祀区和休闲区，体现了传统礼制的特色。书院建筑玲珑轻盈，白粉墙垣，灰砖青瓦，人文景观与自然景观珠联璧合，古树参天，曲径通幽，透露着典雅超凡之气，既是怡情养性的风景园林，又是陶冶情操、静以修身的难得之所。

（一）布局与选址——礼乐相成

礼乐制度是中国古代重要的伦理文化制度。"乐者为同，礼者为异。同则相亲，异则相敬。乐胜则流，礼胜则离。乐者天地之和，礼者天地之序也。和，则百物皆化；序，故群物皆别。"① 岳麓书院作为传承儒家经典、培养圣贤之士的教育机构，建筑风格就深刻体现了中国"礼乐之制"和注重道德教化的原则。

在岳麓书院建筑中，"礼"表现为以"讲堂""御书楼"为主轴的中轴对称，并且由具备学生自习功能的教学斋、讲学功能的讲堂、藏书功能的御书楼层层递进。应地势不断抬高，相应的等级和地位也随着空间的逐步深入而提高，体现了居中为上、尊卑主次的等级地位。其他建筑，如孔庙、书院广场等都围绕纵向中轴展开，并以这种主从关系来构成书院的整体格局。这种布局严谨、分区明确而排列有序的等级关系，体现了儒家文化尊卑有别、等级严明的社会伦理关系，烘托出书院的威严庄重与书院教育的神圣严肃。②

岳麓书院除了在布局上注重尊卑有序的"礼"外，在选址上也注重达到一种"乐者天地之和"的状态。中国古代知识分子皆崇尚"古逸"，书院

---

① 夏剑钦．十三经今注今译：上册［M］．长沙：岳麓书社，1994：887.
② 冒亚龙．岳麓书院园林景观［J］．华中建筑，2008（03）：144－147.

则是其理想的隐逸地。岳麓书院选择名山大川作为院址，在山环水绕中独善其身，寓教于乐，并以自然风景为依托，以花草树木、亭台楼榭为点缀，以廊道相贯通，形成人工与天然的巧妙融合。书院布局严谨中透露着飘逸，奔放中交织着稳重，错落有致。对此美景，张栻颇为欣慰地说："爱其山川之胜，栋宇之安，徘徊不忍去，以为会友讲习，诚莫此地之宜也。"①

岳麓书院所表达出的"礼乐相成"，是一种既有等级秩序，又相互融合的境界，其中以教学为核心的中轴对称，表达的是一种尊师重道，却又关系融洽，教学相长的核心思想。书院建筑与自然景观的和谐曼妙，你中有我，我中有你，则体现了天人合一、天下大同的思想。这对身处其中的师生则有着潜移默化的德育意义。

（二）楹联与匾额——发人深省

楹联，作为传统建筑的重要组成部分，其内容丰富、言辞优美、寓意深远。相较于祀祖颂德的宗祠楹联、超然玄妙的寺庙楹联，岳麓书院楹联多含导化性情、启迪智慧之意蕴。仅有美化修饰建筑的作用，更是儒家文化在书院中最直接的体现。如二门过厅两边悬挂着清代山长罗典所撰的"地接衡湘，大泽深山龙虎气；学宗邹鲁，礼门义路圣贤心"，这种宏大的气魄与深邃的精神使处在其中的学生耳濡目染，自然注重自身品性修养。时务轩前挂有梁启超所撰的对联："胸蟠子美千间厦；气压元龙百尺楼。"全联在于劝诫人们在天下危乱之际，应该心系国家、胸怀天下，切不可为自己的蝇头小利虚度这一生。最值得玩味的则是现悬于书院讲堂的对联："是非审之于己，毁誉听之于人，得失安之于数，涉岳麓峰头，朗月清风，太极悠然可会；君亲恩何以酬，民物命何以立，圣贤道何以传，登赫曦台上，衡云湘水，斯文定有攸归。"上联的意思是，是非由自己决定，闲言碎语由别人说去，成败除了个人的努力之外，自有天数，如果失意，就去登岳麓山吧，感受一下朗月清风，你会发现荣辱得失都可以置之度外了。这表达了一种"穷则独善其身"的态度。下联则是"达则兼济天下"，当你得

---

① 张栻. 南轩集［M］. 北京：商务印书馆，1936：266.

意之时，要思考如何报答朝廷和父母的栽培，如何让老百姓过得更好一些，如何将圣贤的道统发扬光大。这副由清代山长旷敏本所撰的对联给学子士人指出了一种非常积极的人生态度。

匾额是古建筑的必然组成部分，《说文解字》中认为："用以表达经义、感情之类的属于匾，而表达建筑物名称和性质之类的则属于额。"① 岳麓书院中则多用匾额来传递其价值关怀的人文精神。如"明伦堂"，取自孟子说："设为庠序学校以教之。庠者，养也；校者，教也；序，射也。夏为校，殷为序，周为庠，学则三代共之，皆所以明人伦也。"② 故而，明伦堂实为儒者讲习、倡明人伦道德之所。又如"自卑亭"，亭名原出自《中庸》："君子之道，辟如远行，必自迩；辟如登高，必自卑。"③ 所揭示的是人们实现自身价值过程的普遍真理，不管是登山，还是道德修养、求学立业，都要从低处着手，一步一个脚印，最后才能到达顶峰，任何的一蹴而就都是不现实的。如此命名的，又如讲堂中的"成德堂"，又如专祀朱熹、张栻的"崇道祠"等。讲堂东、西两墙嵌存的朱熹题写的"忠孝廉节"和清代山长欧阳正焕手书的"整齐严肃"八个大字，同样用无声的石碑时刻警醒着学生的言行。

此外，岳麓书院关于斋舍的命名也充分彰显了其浓厚的德育氛围，蕴含着许多深刻寓意和人生哲理，如明朝嘉靖六年（1527），岳麓书院进行了扩建，设四斋六舍，斋名为"诚明""敬义""日新""时习"，舍名为"天""地""人""智""仁""勇"。根据周召南《重建岳麓书院记》的碑文记载，康熙年间巡抚周召南修复岳麓书院，"礼殿、陛戟、廊庑如郡县孔子庙，独循旧制，肖杏坛像，四子侍焉，门左右祀先达有功于岳麓者为不同。院以内，为堂者二，曰成德、曰静一，皆讲堂；为祠堂者二，曰崇道，尊师也，曰君子，报功也；为台者一，曰道乡，怀古迁客也；为亭者三，曰四箴，宝遗教也，曰拟兰、曰汲泉，临曲水慕芳烈也。合而缭之以垣，

① 许慎. 说文解字［M］. 长沙：岳麓书社，2006：66.
② 孟轲. 孟子［M］. 上海：中华书局，2006：114.
③ 子思. 中庸［M］. 北京：线装书局，2013：112.

凡二里许"。

这些楹联及匾额都包含了大量的人生哲理和儒家伦理道德,形成了文以载道的人文环境和浓厚的德育氛围,因而能够深深震撼师生的心灵,激起强烈的情感共鸣,并时刻警醒他们对儒家伦理道德的感悟和追求,起到了单纯的知识教育所不可媲美的道德教化作用。

(三) 园林与雕饰——比德畅神

德育包括知、情、意、行,其中道德情感的熏陶尤为重要。岳麓书院园林中清幽养德的环境,让学生时刻置身于一个怡情养性的氛围之中。其中植物配置遵循中国古典园林风格,但更为强调"君子比德"思想。"比德"说的基本特点是将自然物的某些特征比附于人们的某种道德情操,使自然物的自然属性人格化。要求学生在欣赏自然草木时,把植物的品性与自己的内在素质联系对比,从而实现人格升华。

松、竹、梅被古人称为"岁寒三友",它们不畏严寒的习性为人所赞美,是君子人格之典范。岳麓书院不仅多处种植,更将其图案多处镌刻在其雕饰之中,期望莘莘学子在艰辛的学习生活中,受到这些灵性植物潜移默化的熏陶,从而提高自身的品格和道德素养。同样岳麓书院种植了一些象征吉祥的植物,如祈求文运亨通,学业顺利的桂树。因古有"蟾宫折桂"之说,宋代《避暑录话》中有"世以登科为折桂",即指古代士人考取进士为"折桂"。因此,岳麓书院内桂花遍布,每逢八月,御书楼前更是丹桂飘香,即寄望士子应考高中之意。①

岳麓书院于乾隆年间所建的"书院八景"更是古代书院园林中的经典。师生置身此景中,心灵得到净化,而完全忘却世俗。岳麓书院的学生俞超,对"八景"甚为流连,赋七律一首,以每句一景概括此八景:"晓烟低护柳塘宽,桃坞霞烘一色丹。路绕桐荫芳径别,香生荷岸晚风博。泉鸣涧并青山曲,鱼戏人从碧沼观。小坐花墩斜月照,冬林翠绕竹千竿。"概括之就是:柳塘烟晓,桃坞烘霞,桐荫别径,风荷晚香,曲涧鸣泉,碧沼观鱼,

---

① 吴帆. 岳麓书院园林造园意匠研究 [D]. 武汉:华中科技大学,2011:44.

花墩坐月，竹林冬翠。

柳塘烟晓。书院头门南边原有"朱张会讲"之"饮马池"。乾隆年间，山长罗典在池中建造了一座草亭，形似蘑菇，又把翠柳种在水池的四周，取名"柳塘烟晓"。嘉庆年间，又一任山长欧阳厚均重新修葺了池子和亭子，并把亭子更名为风雩亭。

桃坞烘霞。岳麓书院第一道大门的外面有公路，公路坡下是大片桃林，这就是桃坞的来源。乾隆年间山长罗典开始种植这片桃树。早期的桃坞长和宽都有一百多丈，种植桃树几百棵，只是后来慢慢荒废了。目前的桃林面积和那时相比，小了很多，桃林也都是重新栽种的，书院的师生为桃林起名为"桃李坪"。每年的春日，盛开的桃花沐浴着和煦的春光，霞光点点，所以才有了"桃坞烘霞"的景致。

桐荫别径。连接黉门池和爱晚亭之间有一条曲径弯曲的小路，途中路过文庙。在古代，这条道连通麓山寺与道乡祠。路的两侧种着桐树，以此命名。此道在清乾隆年间，最初由书院山长罗典在建造园林时开辟，后来无人管理逐渐荒废。1984年在书院重新修建时，这条小路才重见天日。仍然保持桐荫别径的设置还原故貌。现在小路的两边都是参天的大树，林荫浓密，休息的时候漫步于此心情格外舒畅，是个释放压力、陶冶心性的良好去处。

风荷晚香。在书院第一道大门的北面、超出了文庙照壁界限，有黉门池，它最开始建于宋代，和饮马池遥相呼应。"黉"，在古代代指学校。池上有座吹香亭，据传是宋代的钟仙巢建造的，亭上"仙巢吹香亭"匾额是宋理宗亲自题写，又把杜荀鹤的诗句"放鹤去寻三岛客，任人来看四时花"书写成柱联，后来过了很久就废弃了。乾隆年间，山长罗典建造了今亭，命名为东亭，同时在岸边和亭子之间建造了一座木头制作的桥。嘉庆年间，山长欧阳厚均保留了原来的东亭，只是更名称"吹香亭"。道光年间木桥被改成了石做的桥。池中满是美丽的荷花，岳麓胜景中的"风荷晚香"说的就是这里。夏日，荷叶浓密，荷花争芳，阵阵馨香被微风传送，人们寻香而至，被荷花深深吸引，在桥上驻足观赏，人面荷花构成了一幅多彩的画面。夏天欣赏荷花，最适合选在傍晚时分。若天气晴朗，夕阳向池面洒下一片金色的光辉，莲荷仿佛进入了色彩生动的油画当中，儒气而素雅富有画面感，竟不像是现实里的荷花；若在阴雨天，淅淅沥沥的小雨滴拍打着翠绿的荷叶，发出富有节奏感的声音，汇成了生动悦耳的别样音乐。傍晚的神韵都呈现在满池的莲荷身上。

曲涧鸣泉。曲涧，原是一条小溪，流淌途中经过书院的园林，这条小溪从古代就存在。山中各个峡谷的水流多汇于此，尤其是春雨淅沥或秋雨不断的日子，山中水流顺着溪流，落在此处，声似钟鸣，形似瀑布。此外，清澈的山泉汩汩流下，流水中带着几片荷瓣和若干荷叶。亲亲密密，和谐无比，又怡然之极。找一块青石，席地而坐，书声雨声如琴瑟和鸣，声声入耳，构成了一幅人间难寻的画面。清代乾隆统治时期，罗典会长已觉此处与众不同，别有情趣，于是在涧边修建了一座亭子，给游者提供遮风挡雨之地，游人同时还能感受鸣泉的美妙音乐。

碧沼观鱼。清风峡的溪泉涧流，穿行书院后花园形成了"半亩方塘"，水池种满了睡莲，其中鱼儿游来游去。水池的四周是长有花草、树木，布有拙石和石桥，流水潺潺出于桥下，水流声声好似琴箫。在池和桥的南方立着一块巨石，巨石朝向流水的一侧上题写着朱熹"鸢飞鱼跃"的字样，另外一面有"招隐"二字。看荷赏鱼是古人的生活乐趣，也同样是今人享受生活的不二选择。

花墩坐月。位于园林水池的石墩之间。皓月当空，人在园中，或三五成群对酒当歌；或独自一人，内省慎独；或师生合群而坐，论世间风云，穷天理人欲。

竹林冬翠。古人曾发过宁可不吃肉也要与竹相伴的感慨。竹，如读书人的品性，书院的园林自然少不了竹。冬日漫天飞雪之时，天地之间仿佛浑然一体成了白色的冰雪世界。原本青翠的竹林转眼之间变成了高挑的白衣仙姑，但嫩嫩的竹叶还是忍不住钻出袖口。竹翠和雪白交相辉映，带给大地人间一丝绿意和勃勃生机，让人享受这自然之趣和造化之美。

岳麓书院的建筑雕饰不仅是一种直观的艺术，更是一本难得的德育文化宣传画册。其德育的意蕴与装饰性完美地融为一体，使学子在感叹其精美绝伦之时，更能接受其背后道德文化的熏陶。在纪念朱熹、张栻的崇道祠创建初期，工匠们大量收集朱熹在岳麓书院讲学时的一些事迹典故，并绘制成图，然后镌刻在书院的建筑之上，让更多的学子能在潜移默化之中感受朱熹传道济民的文化思想。岳麓书院头门两侧立着一对汉白玉抱鼓双面浮雕，浮雕背面雕刻着象征着高雅的梅兰竹菊。正面则雕刻着"三狮戏珠"的图案，三只石狮分别代表天、地、人三杰，寓意着岳麓书院人才辈出，而石狮戏珠的灵动则寓意着书院的学子在学习和生活中的得心应手。这些雕饰反映出书院学者追求的自律、修身等道德涵养，同时也敦促着书院学子见贤思齐，自修其身。①

第二节 德性充溢的人文环境

荀子言："蓬生麻中，不扶而直；白沙在涅，与之俱黑。"环境对人的身心成长有着举足轻重的作用。因此，岳麓书院不仅十分重视建筑环境，同时对生徒求知问道的人文环境也很重视。岳麓书院师长注重平日的一言一行以达到言传身教、树立榜样的目的；注重关爱生徒以营造民主平等的氛围；注重互相切磋以达到教学相长的目的。

一、身教言传、笃行臻善

岳麓书院历来重视学生的德育，通过讲会、会讲、社会宣讲等方式进行道德教育。但是如南朝宋史学家范晔在《后汉书》中所言："以身教者从，以言教者讼。"如果以自身的行动来教化学生，学生就会接受你的教

---

① 袁恩培，陈中. 岳麓书院建筑雕饰的艺术意蕴及文化成因 [J]. 大舞台，2013（2）：281 - 282.

化，如果说一套、做一套，只流于言论而不付诸行动，那学生就不会听从教化，反而会生出是非。所以，言传身教中，身教是大于言传的。因此，岳麓书院更注重师长的一言一行，牢记师长是学生的榜样与镜子，道德的楷模。

岳麓书院高足王夫之曾说："主教有本，躬行为起化之源；谨教有义，正道为渐摩之益。"① 对于学生来说，教师是道德伦理行为最具体和真实的实践者和传授者，所以学生在心理上很容易信服并且模仿。比起道德说教，教师道德行为的力量能更深入人心，也更能发挥榜样作用，更能让学生铭记在心。所以，岳麓书院十分重视教师在学生个人道德修养学习过程中的重要作用。

学生看老师，老师看山长。因此，作为教师之首的书院山长承担着最核心、最显著的道德示范作用，因此书院在选择山长的过程中，对德行要求也非常之高，如乾隆元年（1736），清高宗下诏训饬直省书院师生："凡书院之长，必选经明行修、足为多士模范者，以礼聘请；负笈生徒，必择乡里秀异、沉潜学问者，肄业其中。其恃才放诞、佻达不羁之士，不得滥入书院中。"② 道光二年（1822），朝廷宣谕"各直省督抚，于所属书院，务须认真稽查，延请品学兼优绅士，住院训课"③。道光十五年（1835），朝廷七月庚子谕内阁云："各省府州县设立书院，置田收息以资膏火，并建义学以教乡僻童蒙。书院院长必须延请品端学裕之人，以资教导。……延请院长必须精择品学兼优之士，不得徇情滥荐。教官考校，季课、月课，务宜精详。举报优劣，务归核实。"④ 同年清廷再次下谕："书院所以育才，今州县书院率多废弛，或以无品无学之人滥充山长，因循苟且，视为具文。着通谕各省督抚严饬地方官，兴复书院，选择山长不准以奉行虚文了事。"⑤ 选择书院山长要"择其资禀优异者"或是"品学兼优之士"，坚决杜绝"无

① 王船山.四书训议［M］.长沙：岳麓书社，2011：103.
② 中华书局影印.清实录高宗实录［M］.北京：中华书局，2009：1901.
③ 邓洪波.中国书院史 增订版［M］.武汉：武汉大学出版社，2013：419.
④ 顾明远.中国教育大系 历代教育制度考2［M］.武汉：湖北教育出版社，2015：1407.
⑤ 李国钧，王炳照.中国教育制度通史：第6卷［M］.济南：山东教育出版社，2000：21.

品无学之人滥充山长"。道光十七年（1837），朝廷又颁谕内阁道："书院之设，所以教学造士，培植人才……至各省书院延请院长，原为激励人材而设，近日竟有荐而不到馆者，有甫经到馆旋取修金以去者，并有不到馆而上司代取修金转付者，殊属有名无实。著直省督抚各体察情形，核实整顿，务使馆无虚旷。"① 以上对书院教师和院长的遴选、任命、教学、考核、奖励都有详细明确的规定，可见当时书院对师长的德行要求之高。②

据不完全统计，在古代岳麓书院，任山长者有五十余人之多。这些山长不仅勤于著述，学有专长，而且为人师表，品格高尚，为培养德才兼备的岳麓学子作出了很大贡献，如首任山长周式，"以行义著于天下"，以致"鼓箧登堂者相继不绝"。宋真宗曾慕名召见周式，欲封其为国子监主簿，周式婉言谢绝，仍回岳麓书院主教如初。此后，岳麓书院开启了享誉天下的殊荣。

提出"传道而济斯民"的南宋著名学者张栻，曾主教岳麓书院，但因其老师胡宏曾向秦桧写信，表示想任岳麓书院山长一职，而秦桧未答应，所以张栻认为老师未得到的职位而学生得到了，因此在主教岳麓书院期间，其不敢称山长，而是以"堂长"相称，这一行为也是对学生学习"尊师重道"的最好身教。

南宋乾道初，吴猎入学岳麓书院，从张栻学。吴猎早闻张栻的为人，他的父亲曾是张栻之父张浚的学生。由于这种关系，他认识和了解张栻，因慕张栻的道德文章，遂拜张栻为师。张栻有感吴猎学问纯正，才气过人，因而大喜道，"吾道其不孤矣"。吴猎后来成为岳麓书院的堂长，是湖湘学派的重要传人，被称为"岳麓之巨子"。张栻对"仁"特别强调，他说："仁，人心也，率性立命，位天地而宰万物也。"不以"仁"教育和培养生徒，教育犹之乎没有灵魂。张栻的这种教育主张深为吴猎所服膺。他也说："圣贤教人，元先于求仁。自秦汉以来，学者失其传。"为了阐明他所谓被

① 顾明远. 中国教育大系　历代教育制度考 2 [M]. 武汉：湖北教育出版社，2015：1407.
② 唐亚阳，吴增礼. 中国书院德育研究 [M]. 北京：人民出版社，2014：133.

湮灭的"仁"之大义，吴猎将孔子及其弟子论仁的问答，以及宋儒周敦颐、程颐、程颢等有关仁的论述详加搜集，萃类疏析，求证于老师张栻。张栻以吴得其学旨，颇为器重，进而"授以大义，勉以体"。吴猎学承师教，深恶迂儒章句之陋，而以施于经纶之大为志，这正如全祖望所说，"有得于宣公（张栻）求仁之学而施于经纶之大者，非区区迂儒章句之陋"①。吴猎一生虽志不在学术，而在仕宦中度过，但岳麓书院经世致用的学风和爱国主义传统对他以后从政治国产生了很大影响。吴猎虽为偏安江南的南宋朝廷属下，但他对南宋朝廷苟且偷安的统治很愤懑，这表现了他反对金人侵略的爱国立场，以及对屡遭战火蹂躏的人民的同情。吴猎政绩颇著，《宋史》作者为之作传，称他为"一时之英才"②。

彭龟年同为张栻高足，他于乾道元年（1165）入岳麓书院，从学张栻。彭龟年虽一生主要在官任上，但他也是湖湘学派的传人。史称他学识正大，议论简直，善恶是非，辨析甚严。他在学术思想上颇受张栻仁论的影响，志道依仁，一生孝悌谨信，南轩私淑弟子魏了翁在叙述彭龟年学旨时说："公（彭龟年）始读程子《易传》，知为学之要，又从朱、张问辨讲切，而学益成。由是尊闻行知，造次理道。居而训子孙叔朋类，必孝弟谨信，志道依仁也。"③ 他跟吴猎一样，认为圣贤教人乃在求仁。张栻把"仁"看作是书院教育的灵魂，舍此人心不立，性和命不立，这在彭龟年身上体现得非常明显。彭龟年对老师张栻极其推崇，崇张栻是周、程"圣道"的真正继承人。他在《挽张南轩先生八首》诗中称：④

> 世无邹孟氏，圣道危于丝。
>
> 学者迷统绪，扰扰徒外驰。
>
> 况有释老辈，窃窥如鬼魅。

---

① 陈谷嘉. 岳麓书院名人传［M］. 长沙：湖南大学出版社，1988：120.

② 陈谷嘉. 岳麓书院名人传［M］. 长沙：湖南大学出版社，2016：81.

③ 陈谷嘉. 岳麓书院名人传［M］. 长沙：湖南大学出版社，2016：84.

④ 陈谷嘉. 岳麓书院名人传［M］. 长沙：湖南大学出版社，2016：85.

苦彼疑似说，陷我高明资。

伟然周与程，振手而一麾。

源流虽未远，淯浊亦已随。

公如一阳复，寒烈已可知。

斯文续以传，岁晚非公谁？

伤哉后来者，此世亡此师。

——《止堂集》卷十六

　　王夫之对张栻同样十分推崇，他说："公（指张栻）虽将家子，尤以道学为己任。"他甚至称赞张栻和朱熹、刘珙（为有功于岳麓书院"六君子"之一）为"三君子"，认为他们"岂非旷代不易见之大贤哉"。①

　　张栻更以力主抗金而闻名，他屡进言孝宗"誓不言和，专务自强，虽折不挠"②。张栻的一大批弟子如吴猎、赵方等亲赴抗金战场，为抗金立下了不朽战功。南宋末年，岳麓的湖湘弟子们放下书本，荷戈登陴，在抗元斗争中壮烈牺牲。湖湘学的爱国主义思想影响了湖南的士子。崇祯时主教岳麓书院的吴道行、郭金台就表现出和湖湘学一脉相承的爱国主义思想。明朝崇祯末年，清兵入关，吴道行闻此消息，于岳麓山绝食而死。郭金台在明亡之后，坚决拒绝清政府的召用，归隐衡山，逝世前自题墓碑为"遗民郭金台之墓"。湖湘学派的爱国主义传统，通过山长吴道行、郭金台等人的倡导和传授，无疑对求学的王夫之产生重要影响。王夫之就学岳麓期间，他和思想相契的旷鹏陞等人结"行社"，并在这个组织里讨论学术、纵谈时事。他们叫这个社团组织为"行"，其旨是说"行社"的宗旨绝非空谈，而是注重现实。第二年，他和一些志同道合的青年组织了一个从事爱国主义活动的"匡社"，从"行社"到"匡社"，始终贯穿着经世致用的轴线。③

　　明朝万历年间，王阳明的再传弟子张元忭主教岳麓书院。张元忭是一

①　陈谷嘉. 岳麓书院名人传［M］. 长沙：湖南大学出版社，2016：107.

②　陈谷嘉. 岳麓书院名人传［M］. 长沙：湖南大学出版社，2016：107.

③　陈谷嘉. 岳麓书院名人传［M］. 长沙：湖南大学出版社，2016：108.

个谨遵封建伦理道德的学者，《岳麓书院志》中称其"天性忠孝，介然不敢取与""生有异质，又好读书""慨然以大贤自许"。①

清代康熙年间，李文炤任岳麓书院山长。他教育学生的一个突出特点即身体力行、笃于人伦。世人称其为"性纯孝，躬行实践，以扶持世教为任"。如李文炤的母亲身患乳疾，他亲自用口为其母吸吮脓血，并奔赴数百里求医问药，花重金买下人参四五斤为其母治病。当时有人曾劝说："此疾不可起，须节费以后计。"李文炤回答说："为人子，岂有知其难为，而即不下药者乎？"其母抱病多年，李文炤衣不解带、不辞辛劳、日夜照料，孝感天地。② 作为岳麓书院的山长，李文炤正不仅身正为范，以躬于实践的方式影响着学生，同时，他对学生的德行同样要求严格，如其刚任山长时，就严令申明如有"縻廪粟而耽其牌"以及与人不敬不和以致"一言不合，怒气相加"者，必须立即清退出院，有"剧钱群饮，猜令挥拳，牵引朋淫，暗工刀笔"等恶习，亦决不宽容。③

乾隆十三年（1748），王文清初次出任岳麓书院山长，不到两年，他被朝廷召举经学。乾隆二十九年（1764），王文清时年77岁，再次出任岳麓书院山长，直到乾隆三十七年（1772），王文清时年85岁高龄，才得以辞去山长一职，归还故里。在王文清第二次出任岳麓书院山长的8年间，他屡次以年事高为由请辞，但因其办学有方、深受诸生爱戴而未获准。据《长沙府志》中记载：王文清"其文章品行，望重乡国者，咸为足下首屈一指"。由此可见，王文清德行之高，为岳麓生徒们起到了很好的示范作用。

乾隆四十七年（1782），罗典出任岳麓书院山长，主持书院长达27年。在其主教期间，罗典十分注重岳麓书院德育环境的建设，其建成的岳麓八景至今陶冶着岳麓学子。同时，针对当时书院多为科举附庸，学子终日穷于无用之举业的客观事实，罗典提出"教学者以坚定德性，明习时务"的

① 陈谷嘉. 岳麓书院名人传 [M]. 长沙：湖南大学出版社，2016：121.
② 陈谷嘉. 岳麓书院名人传 [M]. 长沙：湖南大学出版社，2016：127.
③ 谢丰. 古代岳麓书院师生关系的构建及其现代转化 [J]. 大学教育科学，2021（5）：97 - 100.

办学观点，因此其"门下发名成业者数百人"①，其中不乏陶澍、贺长龄、欧阳厚均、彭浚等佼佼者。罗典人品和学问俱佳，当时世人对罗典有"性严正，不可干以私""诚朴""廉峻正直"的评价，这对其学生贺长龄也产生了巨大的影响。贺长龄在学术上师承罗典，在人品上更以罗典为师，立志"生平取与，一准于义，陋规多所屏却，其于中朝权贵亦无所馈献"②。在岳麓书院优良学风的浸染下，在罗典的身教言传下，贺长龄积极倡导经世致用的思想，建功立业于当世。其为官四十年间，勤恳为民，兢兢业业，面对着当时清朝政府的腐朽统治，虽然无力回天，但他却在任上做了一些有益于民族和人民的好事，为发展文教、安定民生作出了贡献。③

嘉庆二十三年（1818），欧阳厚均出任山长，之后掌教岳麓书院山长27年之久，是岳麓书院任期最长的山长之一，其间培养"弟子录著三千人，多以节义功名显"。欧阳厚均"与诸生文行交勉，道艺兼资"④，其品行高洁，为岳麓书院的发展鞠躬尽瘁，后人称"国朝耆宿主讲席最久者，推罗慎斋先生，而坦斋夫子继之，各二十有七年，湘人士无不崇仰两先生者"⑤。

如此种种，岳麓书院的大师们都在以尊崇高尚道德的言行不断激励着岳麓学子们。让岳麓书院的生徒们能以人为镜，时时自省，不断检验自身的行为，努力提高自身的学识，提升自己的道德境界。

二、民主平等、以情相融

岳麓书院师生关系的民主平等首先表现在教学方法原则方面。教学中，岳麓书院并不是一味地填鸭式教学，用规章制度生硬地去压制学生的天性，而是注重在平等的基础上引导学生，让学生们心悦诚服，真正实现了"明人伦"的道德教育目标。朱熹说："苟知其理之当然，而责其身以必然，则

① 朱汉民，邓洪波. 岳麓书院史［M］. 长沙：湖南教育出版社，2013：487.
② 陈谷嘉. 岳麓书院名人传［M］. 长沙：湖南大学出版社，2016：158.
③ 陈谷嘉. 岳麓书院名人传［M］. 长沙：湖南大学出版社，2016：158.
④ 朱汉民，邓洪波. 岳麓书院史［M］. 长沙：湖南大学出版社，2017.
⑤ 罗汝怀. 湖南文征［M］. 长沙：岳麓书社，2008：183.

夫规矩禁防之具，岂待他人设之而后有所持循哉！"① 要教育学生，就不能一味训斥学生，道德规范不应是强迫他人的枷锁。岳麓书院的做法体现了教育上的民主原则，体现了一种民主型的师生关系。

岳麓书院山长欧阳厚均认为对学生应严格要求，但要严而有度、严慈相济，要"于培养之中寓鼓励"，即在教学过程中应以鼓励褒奖来激发学生的积极性和主动性，来达到"从此贤肖辈出，蒸蒸日上"的目的。欧阳厚均还认为："讲艺论文，有奇共赏，有疑共析。""二三子争自砥砺，敦品力学，互相规劝。""择其优者，俾诸生互相传阅，以资观摩。"② 即希望学生相互之间多交流心得、共赏美文、共探疑难，在相互讨论中培养独立思考的能力，达到自我教育的目的。③

岳麓书院真正采用了能者为师的做法，例如，在学校品学兼优的学生也可以参与教学，只要有能力教导别人，学校乐意给其提供机会，这样，不仅促进形成了师生之间的关系平等，还为优秀的学生提供了展示自己、锻炼自己的机会。岳麓书院这种不拘一格选拔人才的制度与当时官场上讲究举荐、按资排辈的做法大相径庭，令人耳目一新。

岳麓书院对学生的自学非常注重。"授人以鱼不如授人以渔"，很多名师都认为，教会学生多少知识是次要的，最重要的是指导学生自己学会读书，并将此作为教学的重要任务，他们会概括出一些读书的原则，如清代山长王文清提出的《读经六法》与《读史六法》，就是让学生领会并作用到自己的学习中去。在岳麓书院中，学生们以个人读书钻研为主，在有疑问时才会请教老师。

岳麓书院还根据学生个性和特长，因材施教，采取启发诱导，量力而行的教学原则。打破传统教学模式中把统一固定的课程和教材灌输给学生的弊病，这样，老师也有机会针对不同学生的问题开展因势利导的教育，使教育的效率和效果提升了很多。书院倡导自由讨论，提出问题，让学生

---

① 邓洪波. 湖南书院史稿 ［M］. 长沙：湖南教育出版社，2013：610.
② 陈谷嘉. 岳麓书院名人传 ［M］. 长沙：湖南大学出版社，2016：142.
③ 陈谷嘉. 岳麓书院名人传 ［M］. 长沙：湖南大学出版社，2016：142.

和老师平等交流，共同研究问题。

岳麓书院师生之间形成以情感为纽带的教学共同体。在这个共同体中，老师视学生如子弟，对学生倾注情感与心血，关怀备至；学生在老师的呵护中陶然自乐，与教师建立了深厚的感情；甚至学生在离开书院之际，恋恋不舍，深感惆怅，离开书院多年之后，仍然牵挂书院的老师和书院的发展。老师以满腔热情投入学生的培养之中，"弗懈益勤，孜孜训迪"①，多方面参与学生的成长。在师生交流过程中，老师能够细心觉察学生的心理变化，诚挚地分享人生的感悟。清代乾隆时期山长李文炤言辞恳切地告诫学生："子辈之龄皆在弱冠前后矣。如以为过时乎，则年富力强正在此际，不得谓之过也。如以为需时乎，则荏苒蹉跎不转盼而迟暮及之。失今不学而更何所需乎。"② 鼓励他们珍惜时光，从眼前做起。拳拳之心，倦倦之意，殷殷之情，令学生感奋不已。对老师而言，因为有了情感的投入，与学生的相处就成为人生的乐事。欧阳厚均晚年时曾说，"聊藉友朋之讲习，以消迟暮之居""每与讲艺论文，亦觉乐此不疲，孜孜忘倦也""一堂之上，彬彬雅雅，每雍容进退，未尝不顾而乐之也"。③ 老师们时刻关注、欣赏着学生的成长与进步，为学生的点滴成就而感到快乐。罗典评点学生文章，"见一题各出机杼，无美不备，尝窃叹其补益智思过半不啻焉"④。欧阳厚均忍不住为学生的好文章击节赞赏，在十多年时间里，他还遴选学生的优秀论文，汇刻出版了四集《岳麓课艺》。

岳麓书院师生的教学共同体，是以道义为基础、以情感为纽带而形成的。学生感受到一种超越俗事束缚、超越功利计较的氛围，体会到在老师带领下切磋学问、砥砺品行的书院生活的快乐，对书院老师产生了深刻的情感认同。乾隆时曾就读于岳麓书院的贵州学政周锷感叹道："夫人役役于尘鞅中，得则喜、失则忧，愈劳而愈不能遂，愈苦而愈不得休。视我辈得

---

① 冯象钦，刘欣森．湖南教育史：第一卷（远古—1840）［M］．长沙：岳麓书社，2002：609.

② 李文炤．李文炤集［M］．长沙：岳麓书社，2012：52.

③ 欧阳厚均．欧阳厚均集1［M］．长沙：岳麓书社，2013：183 – 184.

④ 欧阳厚均．岳麓诗文钞［M］．长沙：岳麓书社，2009：506.

良师兼益友，游息暇豫耳目之前，人所苦于束缚而不易有此乐者，皆得因师之所有而共有之，其相去顾何如也。故地之有显不显，犹人之有遇不遇也。"①

学生离开书院之际，总是惆怅不已，久久不忍离去。从严如熤离开书院时写下的"与我心相亲，欲别频回首。迟回定行日，惆怅对离酒。去去违鳣席，寸心亦何有。师资忍暂远，庭有垂白母"②的诗句，我们就可以看到师生之间的深厚情谊。离开书院之后，严如熤常常念及老师，说："拥比谈经人健否，何当重侍讲堂前""苦思风雨情相慰，绝恨关山道且长。"③学生们也常常怀念师友共读的时光，还会时常回到书院看望老师。欧阳厚均随身携带岳麓求学时的《同门齿谱》，"间一展阅，犹想见联步登堂，抠衣问字，依依如目前事也"④。

三、负笈从游、教学相长

古者学子从师受业，谓之从游。孟子曰："游于圣人之门者难为言。间尝思之，游之时义大矣哉！学校犹水也，师生犹鱼也，其行动犹游泳也，大鱼前导，小鱼尾随，是从游也。从游既久，其濡染观摩之效，自不求而至，不为而成。"⑤古代岳麓书院可谓负笈从游者，济济称盛。岳麓书院山长欧阳厚均在总结岳麓书院的教育成绩时说："余自嘉庆戊寅膺聘主麓山讲席，盖二十年于兹矣！前后从游者数以千计。其捷南宫、登贤书、贡成均者，指不胜屈。内而选瀛馆，列仙曹，入直枢廷，出操衡之鉴者，比肩而结绶，外而鹿夹车幡，凫飞鸟，秉师儒之铎，佐郡邑之符者，接踵而弹冠。"⑥

---

① 罗汝怀. 湖南文征 [M]. 长沙：岳麓书社，2008：2562.
② 严如熤. 严如熤集 [M]. 长沙：岳麓书社，2013：253.
③ 严如熤. 严如熤集 [M]. 长沙：岳麓书社，2013：368.
④ 谢丰. 古代岳麓书院师生关系的构建及其现代转化 [J]. 大学教育科学，2021（5）：97 - 100.
⑤ 刘述礼，黄延复. 梅贻琦教育论著选 [M]. 北京：人民教育出版社，1993：102.
⑥ 陈谷嘉. 岳麓书院名人传 [M]. 长沙：湖南大学出版社，2016：142.

岳麓书院以"传道求道"为其主要精神，师生之间也讲究以道相交，营造"传道求道"的文化氛围。何谓"道"？在理学兴盛的岳麓书院看来，道即理，理即道，是关于自然界和社会一切事物的规律。①

清代岳麓书院山长欧阳厚均在教学过程中强调对学生进行正面鼓励，在其以往的传统教育中，多采用训斥式的教学，在一定程度上伤害了学生的自尊心与上进心，教学效果并不理想。欧阳厚均认为，教育学生应该严格，但是应严而有度，严慈相济，要注意"于培养之中寓鼓励"，对学生要多扬善褒良来调动其学习的主动性与积极性，激发其追求上进的心理。

在教学中，老师与学生并不应该是对立的关系，而应该是平等的，既要传授知识，又要相互促进，双向反馈。《学记》中说："虽有佳肴，弗食不知其旨；虽有至道，弗学不知其善也。故学然后知不足，教然后知困，知不足然后能反也，知困然后能自强也。故曰：教学相长也。"② 这里的意思是，教学活动是教与学交互作用的双边活动，在老师教授知识的过程中，受益的不只是学生，老师也能得到更多体会。师生共进在这里的含义是指书院师生在教育教学中互相切磋，教学相长，在这个过程中师生关系更加亲密，互为师友，共同进步。岳麓书院的一大特色就是书院大师们在教学中方法灵活，与学生互相辩论，互为启发，提高自己的知识水平，即"教学相长"。学生们向大师虚心求教则获得了学识和心性上的双重提升。

在岳麓书院，学生之间相互切磋，师生之间质疑问难是常态。朱熹说："往复诘难，其辨愈详，其义愈精。"③ 他注重师生之间的质疑问难，在探求学问中增长友谊，达到共同进步的目的，如此还可以改善师生关系。朱熹曾经和张栻在岳麓书院探讨哲学意义上的人和人性的秘密，双方争论了三天三夜都无法取得一致意见，后来学生们也加入了争论，争相发表自己的意见。争论的结果是两人越来越佩服对方，觉得对方对自己有很大的启发，扩展了自己的学术道路。两人的关系更加亲密，开创了师长学术文化教育

---

① 晏富宗. 宋代书院师生关系研究［D］. 南昌：江西师范大学，2006：10.
② 孔子. 图文四书、五经［M］. 北京：华文出版社，2009：226.
③ 李朝阳. 理学集大成者朱熹［M］. 阳光出版社，2016：85.

的高尚典范，影响了后世的一代代莘莘学子，启发了众多的哲学大师。

在教学的过程中，岳麓书院的教师、山长也经常和学生一起共同探讨学术上的问题，教学相长，从而推动学术研究的深入。张栻作为理学大师，经常与其岳麓书院弟子讨论理学问题。通常是弟子先提问，后由张栻作答，提问者多是张栻的高徒，如彭龟年、游九言、周允升、吴猎、胡大时、吕子约等，如史书中记载了张栻与彭龟年的一段问答：

> 彭龟年问："君子时中，朱编修（熹）云：'以其有君子之德而又能随时以取中也。'龟年窃谓，君子精义，故能时中，谓之时中者，以其全得此理，故无时而不中，非是就时上取中也。今日以其有君子之德而又能随时以取中，心切疑焉。"
>
> 张栻答："随时以取中非元晦语，乃先觉之意，此意甚精。盖中字若统体看，是浑然一理也；若散在事物上看，事事物物各有正理存焉，君子处之，权其所宜，悉得其理，乃随时以取中语。然元晦云：以其有君子之德，又能随时以取中。语却有病。不若云所贵于君子之中庸者，以君子能随时以取中也。"①

彭龟年首先提出对朱熹所理解的"君子时中"表示不认同，并提出自己的疑问，但他不是简单地等待老师的回答，而是先表达了自己对这个问题的看法。张栻在回答了学生提出的疑问后，进一步引导学生对问题做更深刻的思考与理解。这种师生间的问答绝不只是为了求得现存的答案，而是在于相互讨论间碰撞出思想的火花，从而提出新的思考与见解，这体现了岳麓书院负笈从游、教学相长的良好氛围。②

讲学之余，岳麓书院的师生们还常常在书院内外观赏四时美景，老师随处提点启发。如罗典的学生严如熤称"晨起讲经义，暇则率诸生看山花，

---

① 张栻 . 南轩集［M］. 上海：上海古籍出版社，2011：115.
② 朱汉民，邓洪波 . 岳麓书院史［M］. 长沙：湖南大学出版社，2017：49.

听田歌，徜徉亭台池坞之间，隐乌皮几，生徒藉草茵花，先生随所触为指示"。另一位学生周锷回忆"或罗坐花间，或侍立月下，或随行涧沼、墩径间，谈经道古，内而心性，外而身世之故，凡所欲闻者无不闻，而皆有以洽其意而餍其心"①。师生一同置身于优美的自然环境中，随处讲论，气氛融洽，一派和乐。②

山长李文炤不仅在每日讲经时，与学生共同论疑辨难、反复推究，对学生的考课评定亦可以共同讨论，甚至自己从未示人的集解《正蒙》之作，也愿意拿出来与学生一起商讨。③

教学相长给学生和老师都指出了在教学中的目标，这是别的教学模式无法实现的。教学是一项复杂而又要求较高的活动，有一个好的方法会事半功倍。教学相长就是这样一个可行的方法，它在岳麓书院得到了很好的施行。教师在完成知识传授的同时还应获得自身学识和修养的提高，保证学生的成长时自己也在成长。教学不是一个单向输出过程，而应该是一个师生共同进步的平台。清康熙年间，《岳麓书院学规》曾记载了当时书院师生共同探讨学习的情景："每日于讲堂讲经书一通。夫既对圣贤之意，则不敢亵慢，务宜各顶冠束带，端坐辨难。有不明处，反复推详。或炤所不晓者，即烦札记，以待四方高明者共相质证，不可质疑于胸中也。"④ 在这里，老师已经不是学术权威的象征，学生也不再是一味地被动接受知识，而是师生一起生活，共同提高，辩难质疑。虽然中国传统文化讲求注重礼仪规矩，师道尊严，但是岳麓书院不唯师，不唯书，讲求自由的学术精神。在这里，老师对学生谆谆教诲，靠的不是外在权威和强制，而是自己的人格魅力。生徒自愿接受教导，充分发挥了求学问道的主观能动性和修身养性的自觉约束力，提高了自己的知识素养道德水平。

---

① 朱汉民，邓洪波．岳麓书院史［M］．长沙：湖南教育出版社，2013：283－293.

② 谢丰．古代岳麓书院师生关系的构建及其现代转化［J］．大学教育科学，2021（5）：97－100.

③ 谢丰．古代岳麓书院师生关系的构建及其现代转化［J］．大学教育科学，2021（5）：97－100.

④ 陈谷嘉，邓洪波．中国书院史资料：中［M］．杭州：浙江教育出版社，1998：1575.

第六章
岳麓书院德育的辩证之思与当代价值

以铜为镜，可以正衣冠；以史为镜，可以知兴衰。尽管当代社会较之古代社会已发生了巨大的变化，传统的道德文化已经无法被完全复制使用，但是岳麓书院诸如"明道传道"的人文精神，尊重身心发展的"分年"教育，重视环境的隐性德育等精髓却仍然值得当代德育所借鉴。

第一节　岳麓书院德育的辩证之思

岳麓书院作为封建时代的产物，其必有封建社会的烙印，如轻视道德权利，重视道德义务，讲究服从与恪守而忽略民主等，这些都应该为当代社会所舍弃。而其育德为先，内外一体，全面综合的德育模式则值得当代德育所借鉴。

一、岳麓书院德育的优处

（一）育德为先

"品行之于人，犹室之有栋，水之有圩也。栋朽，则室将倾覆而不可支；圩坏，则水将泛滥而无所底；品行败，则身毁名裂而无以自振。"① 儒

---

① 邓洪波．中国书院学规［M］．长沙：湖南大学出版社，2000：150．

家向来重视德育，将道德修养作为教育的根本。孔子历来将道德教育放在育人的首位，认为应该心存"仁"，行有"礼"，通过立志、自省等方式，不断进行修养以提升道德品质。孔子认为，学校教育首先应该培养学生的道德品质与修养，使其明白"仁""义""理""智""信"，之后才是各类学科的文化知识。德育不仅应该是教育之首，还应为其他知识引领方向和目标。孟子曰："学则三代共之，皆所以明人伦也。"① 他把教育的实质看作是"兴教化以明人伦"。与此同时，他也提倡"性善论"，在他的思想意识里每个人都有善端。只是善端不会自己发扬，需要人不断地去学习明理、修身养性，这样才能到达道德修养的更高层次。荀子虽然以"性恶论"为基点，认为"今人之性恶，必将待师法然后正，得礼义然后治"②，但其把道德教育的外在表现形式看得更重，试图利用完善的制度"化性起伪"，达到教化的目的。

　　岳麓书院汲取了孔孟之道中重视道德教育的文化精髓，坚持德育为先的教学目的。弘扬"明道传道""独立创新"的办学精神，无论是山长选拔的标准，还是教学工作的制度与管理、书院环境的营造都以德育为旨归。曾主教岳麓书院的张栻在《南轩集》中言："凡天下之事，皆人之所当为。君臣、父子、兄弟、夫妇、朋友之际，人事之大者也……学所以明万事而天职也。"③ 他认为学习人伦纲常是生徒的天职，是生徒必须履行的职责。他还认为"孩提之童，莫不知爱其亲；及其长也，莫不知敬其兄……迁于物欲，而天理不明，是以处之不尽其道，以至于伤恩害义者有之。此先王之所以为忧，而为之学以教之也"④。人因为不明天道才会人道有所失，做出背道舍义的行为。因此，品德教育是关键，用儒家纲常伦理来教育个体，使其理解并成为自己的道德意识和行为标准。曾对岳麓书院产生深刻影响的朱熹更是坚持"明人伦"的教育宗旨，并从四个方面进行了阐述：第一，

① 孟轲. 孟子［M］. 上海：中华书局，2006：88.
② 熊明川，程碧英. 先秦元典学习思想研究［M］. 四川巴蜀书社有限公司，2021：139.
③ 张栻. 南轩集［M］. 上海：上海古籍出版社，2011.
④ 张栻. 张栻集：下［M］. 长沙：岳麓书社，2017：563.

古代办学传教的目的是使百姓接受修身治国、长幼有别的人伦道德教育。第二，以外在的教育形式使个体能做到"明诸心、修诸身"，将外在的道德规范转化为自身的道德意识，形成高贵品质。第三，将道德意识转变为道德品质不是最重要的，更关键的是要作用于道德实践。第四，最关键的是，教育者从开始到结束必须始终坚持"明人伦"的道德教育理念。

"育德为先"的教育理念，即充分认识到德育对个体成长与社会发展的作用，教生徒"做人"比"做事"更重要。经过岳麓书院历代鸿儒的提倡和践行，"育德为先"的理念已经是千年来学院师生共同认同的根本准则，浸润在历任的山长选聘里，每届学员考核和学规制度之中。这既成了岳麓书院教育的一大特色，也是岳麓书院教育值得当代教育学习的一大优势。

（二）情感内化

德育是教育个体通过学习道德知识与原则，形成道德情感与意志，最终做出满足社会道德需求且合乎自身正当利益的道德行为的过程。德育是一个把外在的道德要求逐渐内化为自我要求与习惯的过程。道德知识的习得是德性形成的重要条件，但这还只是初级阶段。道德内化才是德育的基础与保证。外在的约束力量，如果不能内化，都只能是捆绑束缚的荆条，被人所厌恶，永远都不能形成真正的德性。道德内化并不只是简单地"灌输"与"移植"，而应是个人本身对道德知识发自内心的认同，并在自身的内在要求与外部影响的交织作用下，使价值的约束变为自主的意识，从而提升自身的内在品质和素养。道德内化是逐步由他控到自控、由外在转为内需的过程，是个体主动地、有选择地把社会道德要求转化为内心道德意识和道德情感的过程，体现了个体的道德方面的自我约束能力。儒家格外重视道德的内化，如孟子曰："所以谓人皆有不忍人之心者，今人乍见孺子将入于井，皆有怵惕恻隐之心——非所以内交于孺子之父母也，非所以要誉于乡党朋友也，非恶其声而然也……恻隐之心，仁之端也。"① 把"仁"看作做人的根本，虽然不断学习会增长人的见识，提高人的意识，学会分

---

① 孟子．孟子［M］．哈尔滨：北方文艺出版社，2018：43．

辨真善美，但仍应从外在到内化，依其本性而行。

岳麓书院以"传道济民"为教育理念，十分注重学生的道德内化。在对学生的施教过程中，充分将道德教化与道德内化相结合，注意营造怡情养性的物质氛围；言传身教、民主平等的人文氛围；经常带领学生游历祖国的大山大水，陶冶其爱国的情操，培养其广阔的胸怀，在不知不觉中做到对学生道德情感上的熏陶，以达到道德内化的目的。同时，在接受德育的过程中，人只有不断把自我约束和他人约束有机结合在一起才可以内化道德，只有通过个体自觉能动性与制度约束的有机结合，才能养成生徒长久的道德习惯与道德思维，才算达到德育的目的。因此，岳麓书院不仅注重通过点拨引导，启发提示，同时又注重通过外在的制度约束，学规考课等，全方位用力，以达到生徒自省自悟，培养生徒高尚的道德品质。

（三）知行合一

儒家十分强调道德的自我内化与实践外化，这表现在：于内要求人不断反思和修炼内心，努力成为君子；于外要求人不断约束自身的道德行为，体现自己的道德价值，争取做到成圣贤。也即是说，德育应将道德的内化最终落脚于道德的实践、道德的行为，才能算真正达到德育的目的。岳麓书院不管是道德知识的学习、道德情感的熏陶、道德思维的培养，还是道德意志的磨炼，最终目的都是落在道德行为的践履上。

岳麓书院把德育理解为人格从"内圣"到"外王"的发展阶段，是一个"知、情、意、行"相互联系、相互制约的协调统一的过程。在这个过程中，丰富的道德知识是根本，启迪其道德智慧，激发其内心向善的本性；充沛的道德情感是动力，让个体对社会普遍价值产生愉快的认同，达到将社会行为规范与价值逐渐内化的目的；坚定的道德意志是保证，为内心已经构建好的道德体系筑下坚固的围墙，抵御来自外界的诱惑与侵扰；理想的道德实践是德育的最终归宿，是德育成功与否的试金石。只有达到"知、情、意、行"的和谐统一，才能体现德育的实践性和约束力，才能保证岳麓书院"育德为先"的教育理念与"明道传道"的教育精神的最终实现。

张栻就曾提倡经世致用的教学理念，在书院生徒日常学习内容中加入了兵法等相关内容，期望借此把对生徒爱国教育作用于实践之中，他说："夷虏盗据神州，有年于兹，国家仇耻未雪……盖君子于天下之事无所不当究，况于兵者！世之兴废，生民之大本存焉，其可忽而不进哉！夫兵政之本在于仁义，其为教根乎三纲，然至于法度纪律、机谋权变，其条不可紊，其端为无穷，非素考索，乌能极其用！"① 因此，在这样的教育下，在抗击元兵之际，岳麓书院师生有着足可流传千古的英雄事迹。当年，元兵包围并攻打潭州城，当时在位的山长尹谷宁可牺牲自己，也要让岳麓书院、湘西书院的生徒在安全的地方完成学业。在国家危急之时，岳麓书院生徒更是毅然放下书本，荷戈登城，同军民一起奋力抗敌直至城破，诸生数百人"多感激死义""死者十九"，② 这是岳麓书院生徒在道德践履上的一个缩影。

二、岳麓书院德育之局限

尽管岳麓书院绵延千年之久，其诸多教育理念及方法等都对当代教育产生了深远的影响，但其终究是封建时代的产物，深刻地打上了封建时代的烙印，注定与新时代的民主平等、日新月异的新形势有着格格不入的地方，这就要求我们辩证地分析岳麓书院德育在当今时代背景下的局限性，以便能做到更顺应时代潮流的借鉴与汲取。

（一）德育的泛政治化

中国古代封建社会中，君王主要通过三种手段对民众的思想领域进行统治：其一，通过宗教等神学手段向民众灌输君权神授等思想来保障其统治的合法性；其二，通过法律等制度手段来保障其统治的规范性；其三，通过道德教化等教育手段强调忠君、爱国等伦理道德来保障其统治的普世性。在这样一个背景下，中国古代的德育普遍存在一个泛政治化的现象，德育成了维护古代君王统治的一种手段。

---

① 张栻. 张栻集：下 [M]. 长沙：岳麓书社，2017：814 – 815.
② 杨慎初. 岳麓书院史略 [M]. 长沙：岳麓书社，1986：64 – 65.

"忠"字在《论语》一书中出现了十八处之多，虽然最初儒家思想里的"忠"并不指"忠君"，而是指的君子自身的修为，但是在汉武帝时期，儒学大家为了迎合汉武帝，提出了"君权神授""三纲五常"等理论，维护了君王统治的唯一性，于是，儒家思想就逐渐成了君王统治民众的工具。在这样的政治背景下，儒家文化虽然也重视个体价值与正当利益要求，但其更多的是持社会普遍价值优先观念。儒家思想认为，人不应该脱离社会而独自存在，否则很难称得上具有真正的价值和意义，而当个人的价值观念与群体普遍的价值观念和利益有冲突和矛盾之时，个人应该服从于普遍的价值观念和利益。于是，为国尽忠，为君王效力便成了传统社会中最基本也是最高的价值追求。

岳麓书院以儒家思想为教育内容，通过传授道德知识，构建完善的道德制度，营造怡情养性的道德环境等，达到其"明人伦"的教育目的。岳麓书院的教育为中国古代封建社会培养了一批又一批的忠君爱国的仁人志士，但岳麓书院德育的终极意义仍不止于此，在某种程度上，岳麓书院德育更多是为了形成一套有利于封建君王治理国家和百姓的理论，探寻维护封建等级制度的方法，从而稳固封建社会的发展。岳麓书院教导生徒学习封建社会的人伦纲常，实质是要求他们有尊师、忠君、爱国的思想并付诸实践行动。

在这种文化理念的熏陶下，岳麓书院提出了培养儒家政治伦理型人才的教育目标，不管是如张栻在《潭州重修岳麓书院记》中所说："惟民之生，厥有常性，而不能以自达，故有赖于圣贤者出而开之，是以二帝三王之政，莫不以教化为先务。至于孔子，述作大备，遂启万事无穷之传。其传果何欤？曰仁也。仁，人心也，率性立命，知天下而宰万物者也。今夫目视而耳听，口言而足行，以至于食饮起居之际，谓道而有外夫是乌可乎？虽然，天理人欲，同行异情，毫厘之差，霄壤之缪，此所以求仁之难，必贵于学以明之与。"① 希望培养明辨天理，求仁得仁的君子。还是如他所说

___

① 陈谷嘉，邓洪波. 中国书院史［M］. 杭州：浙江教育出版社，1998：108.

"本之《六经》以发其蕴，泛观千载以极其变。即事即物，深亲格之，超然会夫大宗，则德进业广，有其地矣。夫然，故富贵不能淫，贫贱不能移，威武不能屈，居天下之广居，行天下之大道，致君泽民，真古所谓大臣者矣"①。即要做到"纲常伦理不亏，辞受取与不苟，富贵贫贱一视，得失毁誉不动，造次颠沛一致，生死利害如常"②中提到的大丈夫，抑或勤政爱民的儒生，都是岳麓书院德育的理想人才。但是，这种德育只注重强调个人的道德义务，而忽视了个人的道德权利。个人的主体只是道德的主体，即履行社会道德责任的主体。个人不应追求社会地位和权益，而只应时刻追求道德理想，处处以维护既定社会秩序为目的。

（二）重等级尊卑，轻民主平等

儒家思想的价值观中，群体的价值优先于个体的价值，和谐的价值优先于竞争的价值。③ 儒家思想认为，人不是作为一个孤立的个体而存在的，人的本质即社会关系的总和，是在社会群体中，作为君臣、父子、兄弟、夫妇、朋友等一系列角色身份而存在的。个人的发展离不开群体，个人的价值也有待于他所处的群体关系来定义和认可。因此，儒家思想更以群体为重，认为如果个体价值与群体价值发生矛盾冲突时，个人的价值和利益应当服从于群体的价值和利益。从这个角度来说，儒家更偏向于优先考虑群体的价值。在这样的价值观下，儒家思想更强调社会结构中的尊卑等级，如不同于墨家强调平等无差别的"兼爱"，儒家的"仁爱"指的是在符合尊卑等级前提下有差别的爱。同样，儒家注重"以和为贵"，小到个人之间的和谐，大到整体国家之间的和平。"把社会的整体秩序和利益设定为个人的普遍本质，个人对自我的特殊性进行扬弃，进而在实现社会普遍利益的过程实现自我的价值。个人的道德责任则在于为了维护社会整体秩序和实现社会整体利益。"④ 因此中国古代儒家文化十分重视个体的道德修养，强调

---

① 张栻. 南轩集 [M]. 上海：上海古籍出版社，2011：547.
② 李颙. 二曲集 [M]. 北京：中华书局，1996：113.
③ 徐克谦. 儒家思想与中国传统文化的价值优先观 [J]. 孔子研究，2009（2）：22－27.
④ 高月兰. 以"伦"为核心的中国传统伦理精神建构 [J]. 伦理学研究，2009（1）：26.

"经邦济世""重义轻利"等，希望个体能通过"日三省吾身"等方式不断提高自我修养来实现自身对他人、对社会的义务。

岳麓书院德育以儒家思想为主要内容，其德育目的即在于"明道传道"。其中的"道"即主要指儒家思想的"人伦道义"，即"父子有亲，君臣有义，夫妇有别，长幼有序，朋友有信"。因此，岳麓书院德育的目的即在于教会生徒遵守尊卑等级制度，强调要忠于君主，敬于长上，要循规蹈矩，忌犯上作乱。岳麓书院的德育目的在一定程度上，就是为了维护封建社会的等级秩序。不同于中国古代封建社会的等级森严，现代社会更为注重民主平等，因此，在现代德育的目的和内容上，都应该避免出现如"三纲五常"中强调的尊卑等级思想。

（三）重道德教育，轻智力教育

"仁义礼智信"为儒家"五常"，可以看出，"智"是儒家最重视的道德标准之一。岳麓书院主教张栻曾言："考先王之所以建堂造士之本意，盖将使士者讲夫仁、义、礼、智之彝。"① 由此可见，"智"也是张栻主张的培育人才的目的之一。但是，这里所说的"智"，与我们今天所提出的教育目标"德智体美劳"中的"智"还是有很大区别的。孔子言："智者，知人也。"古代的"智"，强调的是明白是非曲直、邪正真妄之"智"，仍属于道德范畴。书院的"智"识教育完全异化为道德属性的教育，把智慧仅仅看成指导处理人际关系和人生矛盾的理性原则，认为它能够指导道德个体从奸诈、虚伪等丑恶状态中解放出来，还原人的美好善性。② 因此岳麓书院的"智育"仍属于道德教育的一种。

"多元智能理论"是由美国哈佛大学心理学家霍华德·加德纳所提出的，他认为我们每个人都拥有八种主要智能：语言智能、逻辑－数理智能、空间智能、运动智能、音乐智能、人际交往智能、内省智能、自然观察智

---

① 张栻. 张栻全集［M］. 长春：长春出版社，1999：681.
② 吴增礼，唐亚阳. 试论书院教育的智识伦理化及其消极影响［J］. 湘潭大学学报（哲学社会科学版），2009（1）：10－12.

能。现代智育多根据这八种智能开展。而岳麓书院所提的"智育",多类似于其中的"人际交往智能"。现代智育之所以与岳麓书院所提"智育"有如此大之差别,原因也在于社会的生产力、生产关系在不断进步与变化。古代封建社会,生产力相对低下、生产关系相对简单,自给自足的农耕社会不需要太优异的智力,如何维护好当时的封建统治、伦理纲常,使社会得以照常运转才是古代封建社会教育的关键所在。鸦片战争打开了中国的国门,鸦片战争的炮声惊醒了沉睡中的中国人。睁眼看世界的国人这才发现,只注重"处理人际关系"的"智育"完全不能满足新时代的要求。经济的飞速发展,科技的日新月异,这些都对古代"智育"提出了新的挑战与要求,因而古代"智育"的单一性与伦理性则显示出其历史局限性,这是我们在对岳麓书院德育进行辩证学习时应避免的一个特点。

第二节　岳麓书院德育的当代价值

尽管时代的车轮滚滚向前,不管是政治、经济还是文化方面,古今都不可同日而语,但作为中国伦理道德体系的根脉,儒家思想对当代社会的发展仍有着巨大的借鉴意义。岳麓书院是儒家思想的主要传播阵地,作为道南正脉,它的教学中一直散发着中华传统美德的芬芳,它的学术交流里一直闪耀着中华传统美德的光辉。岳麓书院德育充分运用启发育人、环境育人、榜样育人以及制度育人等方法,对抽象的道德价值观念进行生动形象的解读,提高了其生徒对道德知识的理解、道德情感的体会和道德意志的磨炼,最终将外在的道德约束内化为自觉的意识和道德行为,为其生徒提升自我、德惠乡邻、扶危济困、报效祖国提供了不竭动力。

尽管岳麓书院德育有着诸多的闪光点值得我们学习,但穿越历史千年之后,我们仍要戴着辩证、扬弃的眼镜来汲取其优点,批判性地继承岳麓书院德育的精华。

一、构筑当代德育金字塔

中国古代儒家教育虽然尊崇循序渐进、因材施教的原则，但却几乎都以《四书》《五经》为教材。针对儒家这一略显呆板，未能观照到学生各个阶段心理发展特点的弊病，岳麓书院探索出了一种新的教育理念，即"分年"教育，这对当代德育中出现的重复、倒置等问题有着一定的启示意义。

（一）当代德育之困境

国无德不兴，人无德不立。德育向来是我国教育中的重点，中华人民共和国成立以来关于德育的研究更是层出不穷。尽管我国德育不管在方法上还是内容上都注重与时俱进，取得很大的进步，但因为种种原因仍存在着一些长期难以脱离的困境。

1. 德育目标：社会本位，政治泛化

德育目标既是德育的出发点，也是德育最终的归宿。德育目标犹如德育工作中的灯塔。灯塔一旦偏离方向，会使整个航道都脱离正确轨道。德育目标中存在的上述问题，也易导致整个德育过程中出现走过场，形式主义等现象，并影响整个德育体系。

科学的德育目标应该既满足社会的发展需要，也应该尊重个人身心发展的规律。而长期以来，我国的德育目标多以社会为本位，对学生自身的需求考虑不多，没有将二者很好地结合起来。德育培养目标中同样存在政治思想泛化的倾向。钱伟长先生就曾针对此指出："在德育工作中，往往以政治教育代替道德教育，以成人化的内容和形式对青少年进行教育，要求提得过高、脱离实际，以致流于形式，不能适应社会转型时期青少年的需要，因而收效不大。"①

2. 德育内容：层次不明，重复倒置

德育内容指用什么样的政治思想、道德准则及其思想体系去教育、培养学生。它是一定社会中德育目标的具体化。只有通过与德育目标相适应

---

① 钱伟长. 切实解决教育发展中的几个紧迫问题［J］. 新华文摘，1995（7）：1.

的德育内容的教育，目标才能落到实处并得以实现。① 正如植物的生长具有
自己的节律一样，人的成长也有着独特的节律，每个阶段都承载着不一样
的任务，有着不一样的性质。② 德育内容也应有理有节，层次分明，循序渐
进以适应学生的德育要求。

长期以来，我国的德育内容日渐丰富，愈具科学性，但却存在远离生
活、缺乏层次性、重复倒置等问题。首先，不管是各级德育纲要还是日常
的德育过程中，表述的德育内容多为"是什么"，即站在社会本位的角度设
想的理想道德标准是什么，而很少表述为什么要这样做，这些内容具体到
生活中应该怎么样去实践与处理。这可能导致学生对德育内容滚瓜烂熟，
而具体到生活中却不知怎样执行与体现。其次，德育内容的层次性是由学
生品德、身心发展的阶段性决定的。但遗憾的是，从各级德育纲要来看，
我国的德育内容大同小异，缺乏层次性且重复，没有尊重学生道德发展的
年龄特征，体现出循序渐进的特点。最后，现有的德育内容不仅没有体现
由浅入深、由近及远的特点，反而出现了一定程度的倒置问题。出现了
"小学讲共产主义，初中讲社会主义，高中讲爱国主义，大学讲叠被扫地"
的奇怪现象。③

3. 德育方法：注重灌输，形式单一

德育方法是德育目标和内容实现的关键，正如毛泽东所说："我们不但
要提出任务，而且要解决完成任务的方法问题。我们的任务是过河，但是
没有桥或没有船就不能过。不解决桥或船的问题，过河就是一句空话。不
解决方法问题，任务也只是瞎说一顿。"④ 德育方法就是实现德育目标的
"船"和"桥"。⑤ 何时该乘船，何时该过桥，德育的方法也应是丰富多样，
因地制宜。

综观当前我国学校实行的德育方法，仍是传统老一套的"授—受"灌

---

① 胡守芬. 德育原理［M］. 北京：北京师范大学出版社，1995：142.
② 陈瑛. 遵规重行：青少年道德教育成功之本［J］. 学校党建与思想教育，2008（6）：13.
③ 叶雷. 大中小学德育衔接问题研究［D］. 武汉：华中师范大学，2005：30.
④ 毛泽东. 毛泽东选集［M］. 北京：人民出版社，1991：139.
⑤ 冯文全. 论新时期德育方法的变革［J］. 中国教育学刊，2005（5）：16–24.

输式方法，将德育课变成了智育课，不注重知、情、意、行的全面培养，而是单纯地进行灌输。重概念分析、轻情感渗透；重知识传授、轻意志锻炼等。以致学生心中有"书"而目中无"人"，导致德育效果的低下，甚至无效。

（二）岳麓书院"分年"教育对当代德育的启示

岳麓书院"分年"教育虽然存在一定时代背景下的局限性，但在某些程度上仍对当今的德育存在一定的指导意义。当代道德教育也应该像一座金字塔，以尊重学生身心发展为主线，从"形而下"的礼到"形而上"的理，逐步将学生培养成一个内外兼修、有理有节、和而不同的当代"君子"。

1. 小学：生活之礼

根据道德认知理论，小学生的品德发展正处于"从前习俗水平向原则水平过渡，从依附性向自觉性过渡，从外部监督向自我监督过渡，从服从型向习惯型过渡"的阶段，其抽象思维待发展，对认识事物的形象性和具体性要求较高。① 因此，小学生的德育应该从生活点滴细节中做起，打下基础。正如明代书院教育大师王阳明所说："诸君功夫最不可长。上智绝少，学者无超入圣人之理。一起一伏，一进一退，自是功夫节次。如树有这些萌芽，只把这些水去灌溉。萌芽再长，便又加水。自拱把以至合抱，灌溉之功皆是随其分限所及。若些小萌芽，有一桶水在，尽要倾上，便浸坏他了。"② 小学生正若树之萌芽，若从一开始便强求为参天大树，难免揠苗助长，而只有遵循儿童思维成长规律，从基本的生活礼仪教育做起，才能为将来的参天大树打下根基。

小学德育内容就应简单具体生活化，将大而泛的内容细化为生活中实际可操作的小事，化模糊为明确，化抽象为具体。就像《弟子规》中"路

---

① 郑敬斌，王立仁. 学校德育内容衔接的困境与出路［J］. 教育科学研究，2012（4）：57－61.

② 王守仁. 王阳明全集［M］. 上海：上海古籍出版社，1995：96.

遇长，疾趋揖，长无言，退恭立""冠必正，纽必结，袜与履，俱紧切"①
等，都是从生活点滴中切实可行的角度出发，让学生既易于记，又易于行。
同样，当代小学也可针对当前的形势与特点，编写一些"接地气"的有德
育意义的儿歌或童话故事等，让他们在喜闻乐见的文学形式中润物细无声
地接受并养成这些良好的品德习惯，为进一步的道德教育做准备。

孔子说："其身正，不令而行；其身不正，虽令而不从。""上好礼，则民
莫敢不敬；上好义，则民莫敢不服；上好信，则民莫敢不用情，夫如是，
则四方之民襁负其子而至矣。"② 处于小学阶段的学生具有较强的模仿能力，
并喜好以老师为模板，因此，在小学德育方法上教师更应注重榜样示范，
给学生以正面的言传身教与侧面的潜移默化。

2. 中学：感悟之理

学生多在中学时迈入青春期。此间，其脑神经系统进一步完善，逐渐
与成人无异，这使得其思维也逐渐由小学时期的具体形象思维向更高阶层
的抽象逻辑思维过渡。在道德学习中，具体形象思维已不占主导。其不再
单凭经验与他人的指示做出判断，而是开始从经验中提取道德概念并逐步
构筑自己的道德体系，开始有了道德上的独立性与批判性。这一特征使得
学生开始厌恶来自教师的道德说教，而更倾向于从自身尚不成熟的道德体
系中去寻找答案。因为自身的道德体系无法满足他们的需求，所以他们迷
茫、困惑，来自外界的指示与他们自身的道德体系产生偏差却被迫执行，
所以他们愤怒、叛逆。相比小学时代的一张白纸，中学生的道德教育更多
的应该是引导他们完善和修正自身的道德体系，而不是随意地堆砌。

由于中学生的道德思维处于自觉性与幼稚性同在，独立性与依赖性共
存的阶段，因此其德育方式需要以引导为主，监督为辅。人性中善与恶辩
证共存，要激发学生向善的本性，同时也要预防"以恶小而为之"的苗头。
鉴于中学生厌恶说教，冲动好辩的特点，因此，将案例教学引入中学生德

---

① 李毓秀. 弟子规［M］. 北京：人民教育出版社，2013：12.
② 高兆明. 道德失范研究：基于制度正义视角［M］. 北京：商务印书馆，2016：247.

育课堂，以道德案例为载体，以互动讨论为形式，能有效地激发学生的主动性与积极性，引起中学生在情感上的共鸣。在讨论中区分善恶，在老师的指引中辨别真伪。同时，案例多来自具体真实的生活，多发生在学生身边，且符合中学生年龄特点，有助于提高中学生在实际生活中面对道德困境的辨别能力与处理能力，为学生全面系统的伦理价值体系打下坚实的基础。[①] 此间，中学生的德育内容也不必再只局限于小学的"洒、扫、进、退"等礼节养成，而可适当引导其从"卧冰求鲤"等内容中感悟"孝"，"程门立雪"等内容中感悟"敬"，"岳母刺字"等中感悟"忠"等，形成其在道德方面的抽象思维，并监督其付诸实践。

3. 大学：致中和

人对世界的认识通常是一个从"正"到"反"，最后至"中和"的过程。不管是小学还是中学，学生接触的更多的是来自学校、家庭所给予的"正能量"。尽管大学被称为纯净的"象牙塔"，但大学仍不可避免地成了学生脱离学校走向社会的灰色过渡区。因此，当学生步入大学，第一次脱离父母的怀抱，初次步入到这个小社会，难免会感受到一些与曾经书本中、教师教诲中不一样的负能量。如何让学生辨识、面对这些负能量，最终实现外圆内方的"中和"，这是大学德育的重点与特点。

与中学的构建道德体系不同，学生自来到大学之日起，其道德体系已基本形成，每个人都深深地打上了来自原生家庭、地域环境、过往学校的烙印。似铸铜钱，学生内心那份象征原则与恪守的"方"已经形成。大学德育的目标则应是让学生在面对来自社会"负能量"时，内心的"方"不被扭曲，而学会慢慢打磨处事的技巧，做到"外圆内方"：以"圆"处事，以"方"立身。在面对"负能量"时做到能见招拆招，既不伤害他人，也有效保护自己。

大学教育作为教育系统的最高层次，其德育内容也要起到一个提升的作

---

① 郭文静．案例教学法在高校德育教学中的运用研究［M］．济南：山东师范大学，2015：28.

用，可适当引导大学生研读一些《大学》《中庸》《道德经》等经典原著，拔高其思想境界。正如《中庸》中所说："喜怒哀乐之未发，谓之中；发而皆中节，谓之和。中也者，天下之大本也；和也者，天下之达道也。致中和，天地位焉，万物育焉。"① 让学生在对古人智慧的感悟中最终达到"中和"。

二、以理义悦其心：岳麓书院学规对当代学生手册的启示

当代学生手册，是学习管理制度的主要组成部分，它起到规范教育教学秩序和生活秩序的作用，既是维系良好教学秩序与和谐校园关系的制度保障，又是大学生在校期间学习、生活、服务的指南。现行的学生手册在规章制度建设方面比较成熟，对学校的管理和发展起着关键性的作用，② 但仍存在着德育内容薄弱、语言过于生硬等问题。而岳麓书院学规，作为岳麓书院制度的一部分，是其育人精神的高度体现，其"以理义悦其心"的特点，对今天的学生手册有着稽古振今的作用。

（一）核心理念的转变——管理即育人

目前，大多数学校的学生手册体现的是以学校为中心的教育理念，将学校与学生的关系理解为上与下，管与被管，权威与服从的关系，将自身定位于管理者而非服务者。在这种观念下制定的规章制度，往往仅从方便学校管理的角度出发来制定，而忽视了学生的权益。③ 在表达方式上，也使用了最为简单和生硬的方式，故难以收到理想的效果。

随着时空的变化，社会高速前进，当代学校较以往的书院拥有更为先进、复杂的社会背景，规模更加宏大，所涉学科更为广泛，因此需要更为详尽的学生手册来指导学生、规范管理。但不管形式怎么变，教育的核心是不变的。教育并非管理，而是育人，培育具有价值关怀与知识追求这些

---

① 子思. 中庸［M］. 南京：江苏凤凰科学技术出版社，2018：32.
② 吴雪梅，陈彬，卢淑芳，等. 论高校学生手册的完善与实施［J］. 东莞理工学院学报，2009（4）：15－18.
③ 韩冰. 漫谈教育思想的转变与学生手册的编制［J］. 中国职业技术教育，2004（26）：43－44.

基本精神的人。那么，学生手册就不应该只是冷冰冰的条例与规范，而更多的应该是"士志于道"等的指引与追求知识的鼓励。抓住这两个核心，"以理义悦其心"，才能使学生从内心深处认同学生手册，遵从学生守则。

（二）内容的转变——德育与精神

纵观我国当代学生手册，其主要内容大体包括宏观的教育法规、学校概况、关于学生的管理规定以及具体的行为准则，而极少有道德教育的内容。学生手册表面体现的是对学生的行为指导和规范。"君子有所为有所不为"，而究其内里则反映的是学校的教育理念，以及对培养出的理想型学生的描述。如果一个理想型的学生连基本的道德素质都不具备，不能成人的学生何谈成才？拥有深厚知识储备和强大职业能力而不具备道德素养的人，只能成为一个高能的危险品。

反观岳麓书院学规，除了重视"理义"外，同样重视的就是"求学"精神的培养。一个道德高尚的人，如果有一颗励勤求学的心，何患不成才？即使不能成为"家国栋梁"，也会是一颗合格的"螺丝钉"。当代学校学生手册往往存在一种舍本逐末的现象，着重各种规范条例，而忽视了一种最基本的精神的培养。条例固然可以框住人，但精神的力量才是无限的。因此，当代学校的学生手册应该加强道德教育的内容。如果在基本的行为准则上都没有道德要求，那么很难要求学生在此基础上再去寻求道德的建树。

（三）话语的转变——积极的劝谕式

我国学生手册一般是制度汇编，即将学校制定的与学生有关的一切规章制度汇编成册。这种学生手册的编制，其目的不外乎是使学生能够"有法可依"，但因其语言的严肃与刻板，即便是善法，也成了学生眼里的利剑，让学生不仅感到畏惧，更觉厌烦。这些规定罗列在一起，很有些"八股文"的味道，但八股文尚且讲究抑扬顿挫、起承转合，而以制度汇编的学生手册，放眼看去都是规定、条例和守则，一副森严的而又冰冷的面孔，让不少学生对其"敬而远之"。

而岳麓书院的学规，其语言严肃却不失婉约，以"劝谕式"的态度引导学生"向善""励勤",这对制定和陈述当代高校学生手册是有积极意义的。如果说,当代学校的学生手册是凛冽的寒风,希望学生能够"噤若寒蝉",固守规矩。那么,岳麓书院的学规则是温暖的阳光,让学生褪去防备的外衣,让心灵得到洗涤、沐浴阳光。无规矩不成方圆,但如何让这些规矩从一个外在的"条条框框"内化成学生心中那枚似铜钱外圆内方的"原则和恪守",并外化为实际的行动、日常的习惯,则应该用看得见诚意与尊敬的话语去润物细无声地打开学生的心扉。

三、挖掘当代校园的隐性德育价值

随着经济的不断发展,各种新建的学校如雨后春笋般大量涌现,其中建筑质量参差不齐,甚至一度出现浮夸之风。如何让当代校园延续文化育人的优势,本研究试图从古老的岳麓书院中寻找答案。

(一)继承传统,彰显特色

当代校园是学生学习、生活、交流的场所。校园建筑如果只着重于为师生的学习、生活提供便捷的物质基础,那么只能称其为合格,而不能称其为优秀。优秀的校园建筑应更着眼于营造一个有助于为学生的品德养成与气质提升的文化氛围。新建的校园往往有着华丽新颖的建筑,却缺乏历史人文的沉淀浸润,很难形成文化育人的氛围,这是当代校园建设不可避免的尴尬。而未名湖畔的北大、珞珈山上的武大等,因其历史悠久的老建筑、高大的行道树和宁静幽雅的环境而深受学子所喜爱,因为在那里,能感受到历史的厚重感和浓郁的文化氛围。

中国古代书院人文意境创造性值得当代校园借鉴和发展。岳麓书院所具有的深厚的文化底蕴,是当代校园所无法企及的。但当代校园的建设可以通过对岳麓书院人文意境的创造的借鉴而弥补这一不足,如通过精心设计的布局,发人深省的楹联匾额等,都能增添不少文化气息,发挥潜移默化的熏陶作用。① 这样,既可避免当代校园过于西化,没有特色的缺点,又

---

① 于小鸥. 书院园林设计手法及其对现代校园建设的启发 [D]. 北京:北京林业大学,2010:68.

充分发扬了传统建筑伦理功能的优点。留住传统建筑的精髓有助于学生在潜移默化中感受传统文化，使传统文化成为生命的一部分，留住传统文化的根，也为学生创造一个安心治学，培养人文情怀的校园环境。

（二）以简处繁，静以修身

当代学校多处繁华闹市，而学习与研究则最需要静心潜修，所以当代校园内应该有一种"大隐隐于市"的沉淀与宁静，做到动静结合，既能释放学生的活力，也能沉淀学生的定力，做到"淡泊明志，宁静致远"。

走进岳麓书院，多会为一种"借山水以悦人性，假湖水以静心情"的氛围所吸引，瞬间褪去闹市的浮华，考虑的则是"君亲恩何以酬，民物命何以立，圣贤道何以传"。这一切，多因为岳麓书院以善为美。其朴素实用的价值观，空间的合理配置，淡雅的色彩等，都对当前刮起浮夸之风的校园建设有着重要的启示意义。当代校园应以朴素淡雅的形象出现，做到动静结合，如图书馆、教学楼、实验室等就应给人以"静"，做到"润物细无声"，创造一个庄重的"磁场"，于无形中熏陶和感染学生，从而影响和改变学生的思想品德与行为方式。

（三）文以命名，敬以养德

现在许多新建校园中的教学楼、宿舍楼等往往为了便捷而多采用数字、字母等形式命名，楹联、匾额等形式更是罕见，这样虽便于辨认与记忆，却缺乏一种文化气息，更起不到隐性德育的作用。而岳麓书院的建筑多有命名，或应情，或应景，或给人以美的享受，或给人以精神上的启发，初见者驻足细细品一番，感悟其中深意，时常出入者则在低头仰止之间时刻得到警醒。许多在传统学校基础上兴建的校园多遵循这一传统，如前身为"求是书院"的浙江大学，办学源头溯源至清朝末期"自强学堂"的武汉大学等，多用诗意的名字装点着校园，深受学生喜爱，这是许多新建校园值得借鉴的。

祭祀为古代书院的三大功能之一，通过祭奠"先圣""先贤"等，来树立模范人物的形象，以达到"思其人尊其道""祀先贤以教德""景行高山、人心向往"的目的。岳麓书院中除了纪念性的建筑，如纪念孔子的"文庙"，专祀朱熹、张栻的"崇道祠"等还散布着大量石碑石刻等来记录先贤的事迹及诗篇。纵观我国当代校园，除了在传统学校基础上兴建的学校外，几乎很难见到纪念性的建筑、碑刻、石刻等。当代学校虽可以通过多种高科技手段向学生宣传学校的历史，用新颖奇特的雕塑来体现校园的现代性，但这仅能表达出肤浅的校园文化，而将传统文化中"敬以养德"的优势埋没。① 当代学校虽已不复以往的祭祀功能，不可能再大规模兴建祠堂。但同样可以通过在校园里树立鸿学硕儒等的雕塑与代表性话语来激发学生心中尊师重道的情感，陶冶其厚德载物的情操。

（四）朴素典雅，诗意栖居

岳麓书院建筑多给人一种静谧悠远的氛围，这与其高深大气的结构，朴素典雅的色调息息相关。其教学区的建筑主要采用黑、灰、白色调，对比分明，庄严清新，使人心生敬意却又觉明快，反映了岳麓书院学者平淡而不平凡，高洁典雅的审美情趣。当代校园在多了运动场的活力四射与大礼堂的缤纷多彩之余，也应保持传统建筑中教学区朴素典雅的特色，让学生在学习时能做到清心寡欲、宁静致远。

当代校园多以功能为板块划分，虽多了现代化的设计感，却也少了一份人文的情怀。"术业有专攻"，学生固然要在专业学习上寻求一番建树，但同时也不能缺乏诗意的浸养，要让学生既有握土生长的本领，同时也要有仰望星空的情怀。因此，当代校园也不能止步于功能性的满足，同时还要让学生有一块诗意的栖居地。让园林山水与校园的文化环境融合起来，让山色、湖光、文塔为校园平添诗情画意，加深校园的文化底蕴，使校园精神在其中传承散播。②

---

① 于小鸥．书院园林设计手法及其对现代校园建设的启发［D］．北京：北京林业大学，2010：68.

② 刘万里．大学校园空间的文化性研究［D］．哈尔滨：哈尔滨工业大学，2009：128.

四、和而不同：当代大学精神之思

何为大学？这是人类一直在探索的问题。一般来说，现代的大学起源于西方具有开创性意义的博洛尼亚大学与具有"欧洲大学之母"之称的巴黎大学。大学，自其伊始，一直以其在推动社会进步、促进文化传承上的独特作用而有别于其他机构。儒家经典《大学》的开篇之语即说道："大学之道，在明明德，在亲民，在止于至善。"隋朝的国子监、汉代的太学都是中国古代的高等教育机构，其意义类似于今天的大学。中国现代大学源于西方，因此，现代大学的功能也从古代的"传道授业解惑"演变为现代的"教学、研究与服务社会"。

尽管斗转星移，时代变迁，但大学的独特精神却是历久弥新、经世而独立的。大学作为一个综合体，虽然有其建筑，设施等物质形态展现在人们眼前，但内涵于这一实体的精神却不能仅凭视觉就能捕捉，需要深入感悟才能体会。"精神"一词抽象而有魅力，大学的魅力却源于她独特的精神。大学精神既蕴含于大学之内，又凸显于大学之外。正是大学精神，为大学注入了生机与活力，使大学不再只是冷冰冰的建筑群落，不再只是读书、教学的场所，而是带着灵性光辉、充满知识信仰的象牙塔。大学精神大学文化的核心与精髓之所在，是大学生命力的源泉，对大学的生存与发展有着导向性的作用。

虽然西方的大学精神以一种上层建筑的意识形态走入中国数十年，但却一直未能很好地融入本土，生根发芽出理想的果实。然而大学不能没有精神，因为在这个知识日新月异，高度分工的社会，学生更需要有一个精神将他们集结起来，而不是每日忙于琐碎的知识记忆、枯燥的技能训练之中，他们需要在不同的学科，不同的地域，不同的层次之上有一种精神之和，使他们重新审视内心，达到内心与人格的圆满，使他们多一种对知识的渴求，寻求学术上的超越，而不是浑浑噩噩地为了生计而活着。

岳麓书院，作为中国古代著名高等学府之一，虽然其办学形式、所学知识与当代的大学存在着诸多不同，但其以"求道传道"为核心的人文精神与以"独立创新"为核心的学术精神却正是今天的大学所需要的。在人们感叹人心不古、物欲横流的今天，在大学将天平侧向技能教育的今天，岳麓书院"明道传道"的精神尤为适合当代大学。在论文抄袭成风，创造稀缺，渴望学术自由的今天，岳麓书院"独立创新"的学术精神尤为适合当代大学。

　　岳麓书院教育重德育而轻智育，那是在古代特定的环境下形成的。如果在当代只重德育而轻智育，则可能使学生面临无一技之长，无法谋业、就业的危险。面对当代科技日新月异的发展，当代教育不得不更侧重智育，由于学校的时间精力有限而弱于道德方面的人文教育，这就很容易培养出一系列高能的"危险品"：以自己强大的知识储备与高精的专业技术为利益服务而不顾社会安危之人。"三聚氰胺奶粉""皮革胶囊"等其背后所需的科学技术有哪一个不出自高精尖人才之手。有德无才可以做一个善良的普通人，而有才无德却是一个掌握了强大武器的危险分子。在学科高度分化，知识更新迅速的现代，本就"严进宽出"的中国当代大学如何保证学生能够做到德才兼备？"和而不同"中的"和"即指道德精神上的"和"，学术精神上的"和"，"不同"则指应保证学生在道德高尚，勤学的前提下允许百花齐放、百家争鸣，学习不同的学科，有着不同的创新。一个学生，只要他是道德的、勤学的，那他一定可以成长为最好的自己。条条框框的制度可以束缚人，而唯有精神上的追求可以引领人。因此，岳麓书院"求道"与"求学"的精神恰可以作为今天现代大学精神的借鉴，以亘古之理解当代之忧。

结　语

　　岳麓书院是中国现存的古代四大书院之一，名闻于天下。虽说史家对于"四大书院"的说法存有很大的争议，但是岳麓书院作为四大书院之首，千年来已成为公论。其他几大书院，如河南之睢阳早已湮灭，成为历史陈迹；庐山的白鹿洞书院虽然尚存遗迹，但办学方面已形同虚设。唯有岳麓书院除外，其得益于优越的自然环境和独特的地理文化背景，萌芽于唐末五代、创建于宋初，时至今日，依然蓬勃发展，历经宋、元、明、清四个朝代更替，已经历了一千多年岁月的洗礼和文化的积累。在它的发展历程中，构建了湖湘文化的精神圣地，也构建了书院建筑文化的地域气质，为我们呈现出一片生机勃勃的文化精神。书院经过多次变革，沿袭至今，举世罕见，被海内外学者称为罕见的"千年学府"。

　　岳麓书院之所以能历经千年而弦歌不绝，多因其独具特色的教育理念与方法，尤其是其育德为先的教育核心。岳麓书院在道德教育上系统而有层次的体系对中国当代德育有着很好的借鉴意义。通过借鉴岳麓书院的德育，要求当代德育一定要把知识教育与道德教育辩证地结合起来，既不能重道德教育而轻知识教育，更不能以知识教育、政治教育代替德育，二者应做到有机全面的结合。要激发学生内心的善，以精神引领人，而不要仅凭条条框框去束缚人。"千里之行，始于足下"，培养学生不仅要目光远大，树立高尚的道德理想，同时也要注意脚踏实地，注重生活中道德行为的践履。道德，就是考虑到他人利益的前提下，对自身欲望的控制与调整。因此，要培养学生对自身情绪、思维的调控能力和约束能力。

在这些理论基础之上，本书提出了岳麓书院对当代教育的启示，如结合现代社会特色，构建一座符合学生身心发展规律的，从形而下之"礼"到形而上之"理"的德育金字塔；制定"以理义悦其心"的当代高校学生手册，转变学生手册"管与被管"的核心理念、转变规制化的内容、转变生硬的话语；注重挖掘现代大学校园的隐性德育价值，营造一个传统文化与现代特色并存、简繁相宜、动静结合、充满文化气息、朴素典雅、诗意栖居的大学环境。总之，教育者应改善当代德育碎片化、政治泛化的现状，从岳麓书院中汲取精华，营造一个全方位、多层次的德育体系。

参考文献

（一）古代文献类

[1] 孟轲. 孟子［M］. 上海：中华书局，2006.

[2] 朱熹. 朱熹集［M］. 成都：四川教育出版社，1996.

[3] 朱熹. 朱子全书［M］. 上海：上海古籍出版社，2010.

[4] 程颢，程颐. 二程集［M］. 北京：中华书局，1981.

[5] 司马光. 资治通鉴：第 1 册［M］. 北京：中华书局，2007.

[6] 朱熹. 童蒙须知［M］. 北京：中华书局，2013.

[7] 张栻. 南轩集［M］. 上海：上海古籍出版社，2011.

[8] 陈论，吴道行. 重修岳麓书院图志［M］. 明万历二十年刊本.

[9] 程美等. 明经书院录［M］. 明嘉靖，隆庆增补本.

[10] 来时熙. 弘道书院志［M］. 弘治刊本.

[11] 聂良杞. 百泉书院志［M］. 明嘉靖二十年刊本.

[12] 孙慎行. 虞山书院志［M］. 明万历中刊本.

[13] 郑廷鹄. 白鹿洞志［M］. 明嘉靖四十五年刊本.

[14] 王昶. 天下书院总志［M］. 清抄写本.

[15] 文礼恺. 金华书院记，嘉庆《四川通志》卷八十.

[16] 王先谦. 荀子集解［M］. 上海：中华书局，2012.

[17] 董诰，阮元，徐松，等. 全唐文［M］. 北京：中华书局，1983.

[18] 张伯行. 学规类编［M］. 清康熙四十年刊本.

［19］王岐瑞．朱子白鹿洞讲学录［M］．清同治四年刊本．

［20］钟世桢．信江书院志［M］．清同治六年刊本．

［21］黄宗羲．宋元学案［M］．北京：中华书局，2013．

［22］耿介．嵩阳书院志［M］．清康熙二十三年刊本．

［23］陈本钦．城南书院课志［M］．清咸丰四年刊本．

［24］黎培敬．三书院条规［M］．清同治刊本．

［25］李文炤．恒斋文集［M］．四为堂藏版本．

［26］丁善庆．续修岳麓书院志［M］．同治六年刊本．

［27］张廷玉．明史［M］．上海：中华书局，1974．

［28］旷敏本．峋嵝鉴撮［M］．光绪二十八年澹雅书局刊．

［29］吴瞻泰．紫阳书院志［M］．清康熙刊本．

［30］刘岳云．尊经书院讲义［M］．清光绪二十二年刊本．

［31］李翰章，曾国荃等．光绪湖南通志［M］．上海：商务印书馆，1934．

［32］李毓秀．弟子规［M］．北京：人民教育出版社，2013．

［33］王守仁．王阳明全集［M］．上海：上海古籍出版社，1992．

［34］张栻．张栻全集［M］．长春：长春出版社，1999．

［35］陆九渊．陆九渊集［M］．北京：中华书局，1980．

［36］周敦颐．周敦颐集［M］．长沙：岳麓书社，2002．

［37］司马光．资治通鉴［M］．北京：中华书局，1956．

［38］杨慎初．岳麓书院史略［M］．长沙：岳麓书院，1986．

［39］张载．张载集［M］．北京：中华书社，1985．

［40］曾国藩．曾国藩全集［M］．长沙：岳麓书社，1994．

［41］王夫之．周易外传［M］．北京：中华书局，1977．

［42］王安石．王安石全集［M］．上海：上海古籍出版社，1999．

［43］黄宗羲．明儒学案［M］．北京：中华书局，1985．

［44］赵所生，薛正兴．中国历代书院志［M］．南京：江苏教育出版
社，1995．

［45］郑之侨．鹅湖书院志［M］．合肥：黄山出版社，1994．

［46］朱瑞熙，孙家烨．白鹿洞书院古志五种［M］．北京：中华书局，1995.

［47］李颙．二曲集［M］．北京：中华书局，1996.

（二）书院研究类书籍

［1］邓洪波．中国书院史［M］．上海：中国出版集团东方出版中心，2006.

［2］邓洪波．中国书院学规［M］．长沙：湖南大学出版社，2000.

［3］邓洪波．中国书院章程［M］．长沙：湖南大学出版社，2000.

［4］邓洪波．中国书院楹联［M］．长沙：湖南大学出版社，2004.

［5］邓洪波，彭爱学．中国书院揽胜［M］．长沙：湖南大学出版社，2000.

［6］邓洪波．中国书院学规集成：第1卷［M］．上海：中西书局，2011.

［7］陈谷嘉．岳麓书院名人传［M］．长沙：湖南大学出版社，1988.

［8］陈谷嘉，邓洪波．中国书院史资料（全三册）［M］．杭州：浙江教育出版社，1998.

［9］陈谷嘉，邓洪波．中国书院制度研究［M］．杭州：浙江教育出版社，1997.

［10］朱汉民．岳麓书院［M］．长沙：湖南大学出版社，2011.

［11］朱汉民，邓洪波．岳麓书院史［M］．长沙：湖南教育出版社，2013.

［12］朱汉民，李弘祺．中国书院：第1辑［M］．长沙：湖南教育出版社，1997.

［13］朱汉民，李弘祺．中国书院：第2辑［M］．长沙：湖南教育出版社，1998.

［14］朱汉民，李弘祺．中国书院：第3辑［M］．长沙：湖南教育出版社，2000.

［15］朱汉民，李弘棋．中国书院：第4辑［M］．长沙：湖南教育出版社，2002.

［16］朱汉民，李弘祺．中国书院：第 5 辑［M］．长沙：湖南教育出版社，2003.

［17］朱汉民，李弘祺．中国书院：第 6 辑［M］．长沙：湖南教育出版社，2004.

［18］朱汉民，李弘祺．中国书院：第 7 辑［M］．长沙：湖南教育出版社，2006.

［19］唐亚阳，唐亚阳，吴增礼．中国书院德育研究［M］．北京：人民出版社，2014.

［20］季啸风．中国书院辞典［M］．杭州：浙江教育出版社，1996.

［21］白新良．中国古代书院史［M］．天津：天津大学出版社，1995.

［22］陈元晖．中国古代的书院制度［M］．上海：上海教育出版社，1981.

［23］章柳泉．中国书院史话［M］．北京：教育科学出版社，1981.

［24］丁钢，刘琪．书院与中国文化［M］．上海：上海教育出版社，1991.

［25］杨布生．岳麓书院山长考［M］．上海：华东师范大学出版社，1986.

［26］杨布生，彭定国．中国书院与传统文化［M］．长沙：湖南教育出版社，1992.

［27］胡青著．书院的社会功能及其文化特色［M］．武汉：湖北教育出版社，1996.

［28］吴万居．宋代书院与宋代学术之关系［M］．台北：文史哲出版社，1991.

［29］李才栋．江西古代书院研究［M］．南昌：江西教育出版社，1993.

［30］朱汉民．岳麓书院［M］．长沙：湖南大学出版社，2005.

［31］朱汉民．岳麓书院的历史与传统［M］．长沙：湖南大学出版社，1996.

［32］杨慎初，朱汉民，邓洪波．岳麓书院史略［M］．长沙：岳麓书社，1986.

［33］杨金鑫．朱熹与岳麓书院［M］．上海：华东师范大学出版社，1986.

［34］周銮书．千年学府——白鹿洞书院［M］．南昌：江西人民出版

社，2003.

［35］ 丁钢，刘琪．书院与中国文化［M］．上海：上海教育出版社，1991.

（三）其他著作类书籍

［1］ 罗国杰．伦理学［M］．北京：人民出版社，1989.

［2］ 罗国杰．中国传统道德：理论卷［M］．北京：中国人民大学出版社，1995.

［3］ 罗国杰．中国传统道德：名言卷［M］．北京：中国人民大学出版社，1995.

［4］ 罗国杰．中国传统道德：规范卷［M］．北京：中国人民大学出版社，1995.

［5］ 罗国杰．中国传统道德：德行卷［M］．北京：中国人民大学出版社，1995.

［6］ 罗国杰．中国传统道德：教育修养卷［M］．北京：中国人民大学出版社，1995.

［7］ 李纯蛟．科举时代的应试教育［M］．成都：四川出版集团巴蜀书社，2004.

［8］ 陈谷嘉，朱汉民．中国德育思想研究［M］．杭州：浙江教育出版社，1998.

［9］ 陈谷嘉．中国儒家伦理学［M］．北京：人民出版社，1996.

［10］ 刘铁芳．生命与教化——现代性道德教化问题审理［M］．长沙：湖南大学出版社，2004.

［11］ 高恒天．道德与人的幸福［M］．北京：中国社会科学出版社，2004.

［12］ 金生鈜．德性与教化［M］．长沙：湖南大学出版社，2003.

［13］ 唐凯麟，张怀承．成人与成圣［M］．长沙：湖南大学出版社，1999.

［14］ 孟宪承．中国古代教育史资料［M］．北京：人民教育出版社，1961.

［15］ 陈谷嘉．儒家伦理哲学［M］．北京：人民出版社，1996.

［16］ 赵鑫珊．建筑是首伦理诗［M］．天津：百花文艺出版社，1998.

［17］卡斯腾·哈里斯．建筑的伦理功能［M］．北京：华夏出版社，2001．

［18］亚里士多德．尼各马可伦理学［M］．上海：商务印书馆，2003．

［19］朱贻庭．中国传统伦理思想史［M］．武汉：华东师范大学出版社，2003．

［20］周辅成．西方伦理学名著选集［M］．北京：商务印书馆，1987．

［21］万俊人．现代性的伦理话语［M］．哈尔滨：黑龙江人民出版社，2002．

［22］［英］塞缪尔·斯迈尔斯著．品格的力量［M］．北京：北京图书馆出版社，1998．

［23］郭雄雄．朱熹道德教育思想及其现代价值研究［M］．兰州：西北师范大学，2013．

［24］曾亦．中国社会思想史读本［M］．上海：上海人民出版社，2007．

［25］陶用舒．古代湖南人才研究［M］．长沙：岳麓书院，2015．

（四）学术论文类

［1］刘立松．宋代学校伦理道德教育研究［D］．南开大学博士论文，2009．

［2］唐亚阳．中国书院德育研究［D］．湖南师范大学博士论文，2006．

［3］杜华伟．中国古代书院个体德性培育研究［D］．长沙：中南大学，2012．

［4］吴云．论人的主体性在道德内化中的作用［D］．南京师范大学硕士论文，2004．

［5］于小鸥．书院园林设计手法及其对现代校园建设的启发［D］．北京：北京林业大学，2010：68．

［6］刘万里．大学校园空间的文化性研究［D］．哈尔滨：哈尔滨工业大学，2009：128．

［7］叶雷．大中小学德育衔接问题研究［D］．武汉：华中师范大学，2005：30．

［8］朱汉民．岳麓书院与中国知识群体的精神历程［J］．青年作家，2007

（9）．

［9］李慧玲．权力、思想与教化——教育视域中的宋代生活伦理同一性的确立［J］．屯庆教育学院学报，2008（2）．

［10］王均，雷伟．宋代民间办学的创举——书院制度［J］．延安大学学报，1998（2）．

［11］刘美玲．德性伦理与规范伦理：逻辑意蕴和融通之路［J］．求索，2008（11）．

［12］许志红．论书院道德教化及其现实意义［J］．北京教育学院学报，2005（2）．

［13］戴木才．论德性养成教育［J］．江西师范大学学报（哲学社会科学版），2000（3）．

［14］蔡春，扈中平．德性培育与制度教化——论道德失范时期的道德教育［J］．华东师范大学学（教育科学版），2002（4）．

［15］马健生，张东娇．普遍道德教育与德性混纯——兼论教育目的的社会本位与个人本位［J］．清华大学教育研究，2000（4）．

［16］龙建平．论道德内化的前提条件——以情感人［J］．湖南第一师范学报，2008（1）．

［17］史宇澄．反思传统文化求解个体德性的培养与完善［J］．中华文化论坛，1999（3）．

［18］陈根法，汤剑波．论德性的人格力［J］．杭州师范学院学报（社会科学版），2003（6）．

［19］孙玉杰．中国古代伦理道德教育机制初探［J］．河南大学学报（社会科学版），1999（6）．

［20］吴俊，木子．道德认识辨析及其能力培养［J］．道德与文明，2001（5）．

［21］林清才．书院教育中的德育初探［J］．上海高等教育研究，1995（1）．

［22］樊浩．"伦"的传统及其"终结"与"后伦理时代"［J］．哲学研究，

2007（6）.

［23］张劲松.论古代书院的德育传统［J］.沧桑，2005（5）.

［24］胡适.书院制史略［J］.东方杂志，1924（3）：11.

［25］彭柏林.从规律的视角看道德内化［J］.湖南师范大学社会科学学报，2004（6）.

［26］吴增礼，肖永明，唐亚阳.中国古代书院德育实施方法及其特征探析［J］.教育研究，2010（3）：77－81.

［27］易法建.论道德内化［J］.长沙电力学院学报（社会科学版），1994（4）.

［28］易小明，赵静波.道德内化中的主体张扬［J］.北京师范大学学报（社会科学版），2006（5）.

［29］杨国荣.道德系统中的德性［J］.中国社会科学，2000（3）：33.

［30］邱吉.历史视野中的道德内化思想及其现实德育的启示［J］.集美大学学报，2003（3）.

［31］顾海根.道德内化的心理分析［J］.上海师范大学学报（教育版），1999（2）.

［32］任德新.论个体道德情感［J］.学海，2001（5）：27.

［33］申绪璐.论先秦儒家的教化思想［J］.江淮论坛，2011（4）.

［34］郑敬斌，王立仁.学校德育内容衔接的困境与出路［J］.教育科学研究，2012（4）：57－61.

［35］邓洪波.简论中国书院藏书的五个来源［J］.江苏图书馆学报，1997（1）.

［36］邓洪波.中国书院史略［J］.井冈山师范学院学报（哲学社会科学），2000（4）

［37］邓洪波.南宋书院与理学的一体化［J］.湖南大学学报（社会科学版），2004（5）.

［38］邓洪波，周月娥.八十三年来的中国书院研究［J］.湖南大学学报

（社会科学版），2007（3）.

［39］ 朱人求．南宋书院教化与道学社会化适应——以朱熹为中心的分析
［J］．孔子研究，2010（2）.

［40］ 申绪璐．论先秦儒家的教化思想［J］．江淮论坛，2011（4）.

［41］ 杨国荣．道德系统中的德性［J］．中国社会科学，2000（3）.

［42］ 孙玉杰．中国古代伦理道德教育机制初探［J］．河南大学学报（社会
科学版），1999（6）：11.

［43］ 韩冰．漫谈教育思想的转变与学生手册的编制［J］．中国职业技术教
育，2004（26）：43－44.

［44］ 褚凤英．现实的人：思想政治教育研究的出发点［J］．探索，2006
（3）.

［45］ 戚万学．从系统的观点谈道德教育研究方法的更新［J］．教育理论与
实践，1993（2）.

［46］ 秦在东．经济学视野下的思想政治教育研究述评［J］．求实，2007
（3）.

［47］ 沈嘉棋．人性假设与道德教育研究方法论探析教育［J］．探索，2005
（4）.

［48］ 孙国友，黄孙庆．改革开放之德育研究三十年：进展与趋势［J］．基
础教育研究，2008（11）.

［49］ 赵新．古代书院祭祀及其功能［J］．煤炭高等教育，2007（1）：
94－96.

［50］ 肖永明．书院与地方社会的互动［J］．大学教育科学，2012（2）：
9－11.

［51］ 董志霞．书院的祭祀及其教育功能初探［J］．大学教育科学，2006
（4）：86－88.

［52］ 唐爱民．心理教育与道德教育：一种德育学辩护［J］．河北师范大学
学报（教育科学版），2005（3）.

［53］ 王殿卿．九十年代大学德育科学研究的趋向［J］．中国高教研究，

1992（3）.

［54］唐亚阳，吴增礼.试论中国书院德育实施系统［J］.大学教育科学，2005（6）.

［55］高月兰.以"伦"为核心的中国传统伦理精神建构［J］.伦理学研究，2009（1）.

后 记

    此刻，于城南书院脚下，从书山文海中抬头，遥望湘江对岸的岳麓书院。碧水蓝天共一色，巍巍岳麓画中画。望着岳麓山的庄严神圣与沉稳大气，正如岳麓书院载物之厚德，润物无声却有着千年的张力，彰显着传统文化的魅力。

    初识，感受岳麓书院的德育氛围。记得第一次去到岳麓书院，是刚刚攻读硕士研究生时，学院组织同学们一起参观。当时一位岳麓书院的博士生带领我们参观了岳麓书院，刚进岳麓书院时，就被其古朴厚重，雅致安详的气质所感染和吸引。青砖石地、粉墙玄瓦，正如余秋雨先生所说，岳麓书院有着一种无法言说的斯文，一种似曾相识的亲切，一种让灵魂安定的力量。

    细品，感悟岳麓书院的德育内涵。在博士毕业论文开题定下《岳麓书院德育研究》这一题目后，我翻阅了大量的相关文献，对于岳麓书院，可以说是越走近，越崇敬。岳麓书院何以培养出如此多德才兼备的国之栋梁，这一疑惑在研究的过程中也被渐次解开，其以"明道传道"为核心的人文精神和以"独立创新"为核心的学术精神，一整套制度化、可操作的德育方法与制度，物质环境的构造与人文环境的养成，一层一层地谱写出了答案。

    回味，感叹岳麓书院的德育光芒。博士毕业后，书稿暂时束之高阁，但所学所思却深烙于脑海中。上课时，经常会与学生分享书稿中的内容，如带学生诵读清代王文清手定的《岳麓书院学规》时，能明显从学生眼中读到对于古老智慧的惊奇与敬佩。而每每徜徉于现代校园时，都会怀念岳麓书院清溪茂林的自然环境，怡情养性的园林风景和文以载道的人文环境，陶情养性，发人深省。而今，我所工作的学校前身是张栻所创办的城南书院，张栻所定下的办学精神"传道济民"在千年后仍熠熠生辉，成了湖湘文化的精神内核，也成了两所书院的精神纽带，继续感召和滋养着两所千年学府的学子。

浅浅二十万余字难以述尽岳麓书院千年文化的冰山一角。感谢各位垂阅拙著，期待有更多志同道合之人进一步深入研究，为我国德育的发展贡献更多中华优秀传统文化的力量。